幼児期から
児童期への教育

平成17年2月
国立教育政策研究所
教育課程研究センター

幼児期から
  児童期への教育

平成17年2月
国立教育政策研究所
教育課程研究センター

まえがき

　中央教育審議会答申「子どもを取り巻く環境の変化を踏まえた今後の幼児教育の在り方について-子どもの最善の利益のために幼児教育を考える-」(平成17年1月)では，今後の幼児教育の方向について，家庭・地域社会・幼稚園等施設の三者による総合的な幼児教育の推進と，幼児の生活の連続性及び発達や学びの連続性を踏まえた幼児教育の充実の二点から取組を進めていくことを提唱しています。こうした状況の中で，幼児教育の専門機関である幼稚園には，生涯にわたる人間形成の基礎を培う場として，また学校教育の始まりとして生きる力の基礎を育成する場として，その教育の一層の充実に努め，これからの幼児教育の中核となることが求められます。

　本書は，こうした課題に応えて，各幼稚園において，幼児期から児童期への教育を行うための適切な教育課程を編成し，実施する上での参考資料として編集したものです。

　本書の構成は，序章は指導資料作成の趣旨，第1章は幼稚園教育に期待されること，第2章は幼児期から児童期への教育を豊かにする視点，第3章は実践事例となっています。

　各幼稚園において，本書が積極的に活用され，幼児教育の充実が図られることを期待しています。また，小学校教員の方々にも読んでいただき，幼児期の教育に対する理解を深めていただければ幸いです。

　最後に，本書の作成に当たり，終始熱心に御協力くださった各位に対し，心より感謝の意を表する次第です。

　平成17年2月

国立教育政策研究所
教育課程研究センター長
折原　守

目 次

序 章　指導資料作成の趣旨
　第1節　幼児期の特性に応じる幼児教育の在り方 …………………2
　第2節　幼児期から児童期への発達とその教育 …………………3
　第3節　小学校との教育の連続性 …………………………………4
　第4節　学校教育の基盤としての幼児期の生活経験と学び………5

第1章　幼稚園教育に期待されること
　第1節　生活を豊かにし人間関係を深める ……………………8
　　1　幼児の生活と発達 …………………………………………8
　　2　生活体験の不足 ……………………………………………10
　　3　子育ての混迷 ………………………………………………12
　　4　生活を豊かにする …………………………………………13
　　5　人間関係を深める …………………………………………15
　　6　学びを豊かにする体験 ……………………………………16
　　7　学びを豊かにする他者とのかかわり ……………………17
　第2節　小学校以降の生活や学習の基盤をつくる …………18
　　1　芽生えの時期としての幼児期 ……………………………19
　　2　遊びや生活の中での学習 …………………………………21
　　3　遊びと生活の中での学びを通して育つ道徳性 …………28
　　4　芽生えを培うための理解と協力 …………………………29

第2章　幼児期から児童期への教育を豊かにする視点
　第1節　生活の広がりと深まりをつくる
　　1　家庭での成長を受けて幼稚園生活をつくる ……………32
　　2　遊ぶ中で広がり深まる生活経験 …………………………34
　　3　広い視野から幼稚園生活をつくる ………………………36
　　4　保護者の理解と協力を得る ………………………………37
　第2節　幼児理解と教材研究を深める
　　1　幼稚園教育の特質を踏まえた教材の選択 ………………40
　　2　幼児理解に基づいて教材との出会いをつくる …………42
　　3　幼児の活動を豊かにするための教材研究 ………………45
　第3節　聴くことと伝え合いを育てる
　　1　身体で表現し伝え合う ……………………………………48

2　おしゃべりを通して育つ言葉 …………………………………………49
　　3　言葉にできない思いを大切にする ……………………………………50
　　4　経験を言葉で表現することで学ぶ ……………………………………51
　　5　聴くことの大切さを学ぶ ………………………………………………52
　第4節　人間関係の深まりに沿って協同性を育てる
　　1　協同性が育つ中で自発性をはぐくむ …………………………………54
　　2　幼稚園生活と協同性の育ち ……………………………………………55
　　3　協同性を育てる視点 ……………………………………………………58
　第5節　小学校教育と連携する
　　1　小学校教育と滑らかな接続を図る ……………………………………61
　　2　発達の連続性を確保する ………………………………………………62
　　3　学び方のつながりを図る ………………………………………………63
　　4　教師の合同研修の交流から相互理解を深める ………………………64
　　5　幼児・児童の活動の交流から連携を深める …………………………65
　第6節　家庭と連携する
　　1　家庭と共に子育てをする ………………………………………………67
　　2　幼児期の発達や教育を理解してもらう ………………………………68
　　3　小学校入学期の保護者の期待や不安にこたえる ……………………69

第3章　実践事例
　第1節　初めての集団生活の中で様々な環境と出会う時期
　　1　自分のよりどころを見つける …………………………………………72
　　2　友達の存在を知る ………………………………………………………72
　　3　ものと出会う ……………………………………………………………74
　　4　思い切り体を動かす ……………………………………………………75
　　5　おしゃべりを楽しむ ……………………………………………………76
　　　ありのままの自分を出し安定していく ………………………………77
　　　　事例1　先生と一緒に食べたい
　　　　事例2　やってほしい，見てほしい
　　　自分の思いを言葉に表す …………………………………………………83
　　　　事例3　私は，僕は
　　　　事例4　ウサちゃん，赤ちゃん，生まれる
　　　身近な自然に触れて遊ぶ …………………………………………………88
　　　　事例5　イチョウの落ち葉で遊ぶ
　　　戸外で思い切り体を動かす ………………………………………………93
　　　　事例6　紙テープをなびかせて走る

第2節　遊びが充実し自己を発揮する時期

1. 遊びの楽しさを発見する …………………………………………………… 98
2. 対象に没頭し遊び込む ……………………………………………………… 99
3. 表現する楽しさを味わう …………………………………………………… 100
4. 葛藤を乗り越え，友達と一緒に遊びをつくり出す ……………………… 101

　様々な表現を楽しむ ……………………………………………………… 103
　　事例1　人魚姫になって，忍者になって
　　事例2　どうぞ，聴いてください
　こだわりをもって，一つのことを繰り返す …………………………… 108
　　事例3　この空き箱はなぜ浮かないのか？
　友達と一緒に遊びをつくる ……………………………………………… 112
　　事例4　僕の虫，強いよ
　遊びのイメージや考えを伝え合う ……………………………………… 117
　　事例5　動いた！本物みたい
　諸感覚を通して生き物とかかわる ……………………………………… 121
　　事例6　逃がしてあげて
　　事例7　つめたーい　ポニャポニャしてる

第3節　人間関係が深まり学び合いが可能となる時期

1. 友達と共に探究する ……………………………………………………… 127
2. 興味や関心が広がり深まる ……………………………………………… 128
3. 自分に気付く ……………………………………………………………… 129
4. 小学校への期待 …………………………………………………………… 130

　ルールのある遊びを楽しむ ……………………………………………… 131
　　事例1　海賊宝取りしよう
　当番活動をする …………………………………………………………… 137
　　事例2　お休み調べをしよう
　協同的な活動を楽しむ …………………………………………………… 142
　　事例3　お化け屋敷作り
　小学生との交流を通して興味や関心が広がる ………………………… 149
　　事例4　さつまいもプロジェクト
　小学校に憧れや期待をもつ ……………………………………………… 155
　　事例5　学校探検宝物オリエンテーリング

第4節　小学校1年生の生活科

1. 幼稚園教育と生活科教育 ………………………………………………… 162
2. 生活科の実際 ……………………………………………………………… 163

付録　幼稚園教育要領 ………………………………………………………… 167

カット・深沢真由美

序章

指導資料作成の趣旨

　序章では，幼児期から児童期への教育についての基本的な事項を示し，指導資料作成の趣旨を述べている。具体的に，幼児期の発達の特性を踏まえること，子どもの幼児期から児童期への発達を促す教育であること，小学校との教育の連続性を図ること，幼児期の生活経験と学びが学校教育の基盤となっていくことの4点である。
　この章では，幼児期から児童期への教育についての基本的な理解が深まることを期待したい。

第1節　幼児期の特性に応じる幼児教育の在り方

　幼児期は知的にそして情緒的にも，また人間関係の面でも大きく成長し発達する時期である。この時期を通して幼児は，家庭での狭い世界から外に出て，世の中に様々な人や事物のあることを知っていく。自ら行動することにより身体的にかかわり，対象への関係の仕方が分かっていく。また，自らの体験を言葉その他で表現し，さらに，表現の仕方を自らが変化させながら，自分のかかわりや理解を深めていく。

　また幼児期を通して，幼児同士の関係の中から互いに協力することを覚え，その協力し合う関係を生かして，一人ではできそうもないことにも取り組んでいく。こうした発達を支えているのが幼稚園の教師である。教師は幼児の様子を見て，活動が進展するように手掛かりを与えたり手助けをしたりする。まず，人やものへのかかわりを広げていく。その中で幼児は，世の中には様々な人や事物が存在していることが分かり，各々に独特のかかわり方があることを知っていく。そして，そのかかわりを深めてもいく。自分自身の内面からの促しに沿ったかかわりになっていく。

　また対象に即して，そのものに独特のかかわり方ができるようになっていく。ときには，教師はそのかかわりを高めていく働き掛けも必要である。幼児があえて背伸びしなければ可能でないような目標を，教師側が意識して環境を構成したり援助したりし，幼児を引き上げることも求められている。

　幼児期の教育とは，幼児が教師や友達と生活を共にする中で活動し，

その生活経験において成り立つ学びを小学校以降の生活や学習の芽生えとして伸ばしていくことである。そのために，家庭や地域での生活と連動しつつ，幼稚園での幼児の生活に根ざした学びをつくり出すようにすることが大切である。

第2節　幼児期から児童期への発達とその教育

　幼児期の発達の根底には，子どもの自我の発達の姿がある。まず，他者に心を開いて，自分のやりたいことを思い切りやっていく。そして，自己発揮する。そこから次第に自分が相手や物事にかかわり，自分の思いだけではうまくいかないこともあることが分かってくる。ときには，すぐに自分の思うようにしようとするのではなく，自己を抑制し，いわば回り道をして，やりたいことができるように工夫していかねばならないことも学ぶ。

　幼児期から児童期にかけての，幼稚園における幼児の発達に即してその流れをみていくと，大きく三つの時期に分けることができる。

　まず第一は，初めての集団生活を過ごし，幼稚園の環境内の人や事物などの様々なものと出会う時期である。既にある程度集団生活を経験している幼児もいるが，多くは家庭で親とのみ過ごしていて，そこから幼稚園に入ってくる。兄弟姉妹がいないと，幼稚園生活で初めて知らない同年代の幼児と付き合うすべを覚えねばならない。幼稚園にあるものはすべてルールに沿って使わなければならないことを学ぶ。どう過ごして

よいか分からず，ぼう然と過ごしている幼児が，教師の援助を受けて，次第に幼稚園の環境に用意されたたくさんの事物や人とかかわるようになっていく。

第二に，幼稚園に慣れて，遊びが充実し，自己を発揮する時期である。友達と共に環境の中にあるものを介してやり取りをし，何か面白いものを作ったり，活動を進めたりする。自分がやりたいことがはっきりとしてきて，その実現のために工夫するようになる。

第三に，一緒に物事にかかわり活動する中で幼児同士の人間関係が深まり，互いに学び合い，大きな目標に向けて共に協力していくことが可能となる時期である。この時期は幼児同士が協同的に活動し，その活動を通して学びが成り立つようになる。また，小学校以降の学習の芽生えが数多く生まれ出て，教師が芽生えを支えることを通して，その後の発達と学びに発展していくようになる。

第3節　小学校との教育の連続性

　幼児期から児童期への発達は，自我や人間関係の育ちがその基底にある。すなわち，自己発揮から自己抑制へ進んでいく。また，協同性が成立するという，協同の中での抑制に支えられながら，対象に即した学びによる自己発揮が可能となっていき，やがては教科等の学習を中心とする小学校以降の教育の基盤を形成することになる。

　幼稚園教育要領に示す教育内容の一つ一つに，小学校以降の生活や学習における芽生えが含まれている。このような芽生えは，幼稚園におい

て展開する幼児の活動の様々な場面で断片的だが成立していく。幼稚園教育では，それらについて互いに関連をもたせてつなぎ，しっかりとした芽に育てていく。そして，それはいずれ小学校教育で，あるまとまったものとなるだろう。すなわち，小学校以降の生活や学習の芽生えをつなぎ関連をもたせていくことが，教科等の学習を中心とする小学校以降の教育の基盤を形成することになる。

　また，協同的な学びが小学校に引き継がれ，学級を中心とする授業の活動へと発展していく。その意味で，協同的な学びは，小学校における学びの基礎に該当するものである。小学校では一般に，時間割に基づき，各教科等の内容を年間や単元の指導計画の下で一定の教材を用いて子どもたちに適切に指導している。幼稚園の教育では，環境にあらかじめ多様なものを置いておき，そこへの幼児の自発的な動きを待ち，幼児自身が力を発揮して，協同的な関係をつくっていくことで成立している。こうした違いはあるものの，共に協力して目標をめざすということにおいては幼児期の教育からみられるので，こうした立場で小学校との教育の連続性を考えていくことが大切である。

第4節　学校教育の基盤としての　　　　　　　　　幼児期の生活経験と学び

　知識を覚えていくためには，物事の在り方の基本的な理解が成り立たねばならない。それは，幼児の体験が基礎にあって，ものへのかかわりとしての身体の振る舞いそのものに理解が組み込まれているようなもの

として成り立つ。例えば，瓶を開けることの理解は，瓶のふたを開け，中から物を取り出したり，液体を注いだりする体験に基づく。その身体の振る舞い方に支えられて概念についての理解が周りの物事に当てはまるものとして成り立つようになる。

また，理解が言葉や絵本の絵のような記号化されたもので伝えられたとしても，体験との関連の中で，幼児の生活経験の全体に広がっていく。この広がりがないと，教わった知識だけに終わることになる。

同時に，体験したことが言葉その他の表現の過程を通して，知識として明確なものへと展開していく。そのことが物事を言葉の表現を通して考えていく際の基礎となる。

すなわち，学校教育が十分に機能するためにも，幼児期に体を使って十分に活動し，様々な対象にかかわることが大切になる。また，その体験を言葉その他により表現し，振り返ることも大切なのである。

しかし，幼稚園での幼児の活動が，家庭や地域で不足している体験をすべて補うことはできない。保護者の子育て力の向上をめざした子育て支援を通して，幼児期に必要なことを幼稚園に限らず，家庭においても提供できるよう，保護者の理解を啓発していく必要がある。

また，幼・小連携を意識することにより，小学校以降の生活や学習の基盤として成り立つ幼児教育の在り方をつくり出していかねばならない。

第1章

幼稚園教育に期待されること

　第1章では，幼稚園教育に期待されていることについて，生活を豊かにし人間関係を深めることと，小学校以降の生活や学習の基盤をつくることの二つの視点から述べている。少子化や情報化，都市化などから家庭や地域での幼児の生活が変容し生活体験が不足する中で，幼稚園教育には，幼児の主体的な環境とのかかわりを通して生活を豊かにし人間関係を深めることが求められる。また，幼児の生活や遊びでの学びを通して，小学校以降の生活や学習の基盤をつくることも求められる。このため，幼稚園教育では，幼児の主体的な活動を確保し幼児期にふさわしい教育を着実に実践するとともに，その教育が次第に児童期へと発達を促していくようになることが重要である。

　この章では，幼児の家庭や地域での生活の現状から，幼稚園教育に期待されることをまとめ，そのために幼稚園教育が取り組む課題について理解が深まることを期待したい。

第1節　生活を豊かにし人間関係を深める

　幼児期には，子どもは家庭を中心とした生活から徐々に生活範囲を拡大し，様々な人と出会い，様々な世界を知り始める。広い視野でみれば，そのことが子どもが成長すること，発達することを意味している。子どもの発達が「様々な人と出会うこと」「様々な世界と出会うこと」により展開すること，そして，それが幼児期から本格的に始まることを考えるならば，幼稚園教育は，幼児の生活を豊かにし，その人間関係を深めることを重視しなければならないと言える。そこで，生活を豊かにし人間関係を深めることがどのような意義をもつのかについて考えたい。

1　幼児の生活と発達

　乳幼児の発達は乳幼児自身の生活の中で展開していく。人間にとって「生活する」とは能動的に生きることであり，自分を取り巻く環境に自発的な関心を向け，それを有意味なものとして受け止め，積極的にかかわることである。このとき，有意味な体験をし，その体験を通して自分にとって大事なことを学び，身に付けていく。このことは幼児にとっても同様に言える。

　生活は毎日たゆみなく続けられる営みであり，その中で，生きていく上で大事な行為や出来事が繰り返され，体験される。生活において，幼児はその都度異なる状況や環境にいても，自ら同様の行為を行い，同様の出来事に出会い，同様の体験を繰り返す。例えば，幼児は園庭に出るときや室内に戻るときに靴を履き替える。遊びが終われば使った物を片

付ける。幼児がこれらの行為を行う状況はその都度異なっており，その行い方も違っている。しかし，「靴を履き替える行為」「物を片付ける行為」としては，幼児は毎回同様の行為を行っている。そのように，同様の行為や体験を繰り返すことにより，幼児は自分が生きていく上で重要なことは何かということを学んでいく。

　生活の中で体験し，学ぶことは，生きていくことにかかわることである。そして，生きていくことが社会的な存在として生き，社会的な存在へと成長していくことである以上，生活の中で幼児が学ぶことはその成長，発達にかかわり，それを可能にする。このように，生きていくことに直接かかわり，かつ成長や発達を促すものは生きる力と呼ぶことができる。生活の中で，幼児は生きる力を身に付け，成長していく。

　例えば，乳幼児が言葉を理解するようになり，話せるようになるのは，生活することが他者とかかわることであり，相互に理解し合うことでもあるからである。つまり，人に自分の欲求を伝えたいという意欲が，言葉の獲得を促すのである。また，幼児たちが料理人と客に分かれてレストランごっこを繰り広げられるのも，生活の中で客として行動することが必要な状況を何度となく体験しており，そして，そのように行動することが幼児たちが生活する上で必要なために，いつの間にか見よう見まねで覚えてしまうからである。

　このように，幼児は生活の中で，生きる上で大事なことを学び，発達していく。

2　生活体験の不足

　以上のように，生活は幼児の学びと発達の源泉である。幼児の生活は，課業のように，達成するべき目的に向かって行う活動が中心ではなく，いわゆる遊びが中心である。それゆえ，ここでいう生活とは，幼児自身の内側から生まれる興味に突き動かされて，能動的に環境にかかわって生きることである。このような意味での生活体験が，幼児の日常生活の中で十分になされていることが，幼児が健全に発達していくためには必要である。しかし，残念ながら，現代の生活環境においては，幼児の発達を促す生活体験が不足している。

　健全な発達が保障されるには，幼児が諸感覚を十分に働かせ，身体を使って環境にかかわることが大事である。すなわち，発達の諸側面が一部に偏ることなく，まんべんなく刺激され伸びていくことが大事なのである。しかし，現代ではこのような調和のとれた生活体験が損なわれつつあると懸念される。例えば，既製品としてのおもちゃが大量に子どもの生活の中に入り込んでいる。それらの中には遊びの展開に役立つもの

もある。その反面で，それらは幼児が苦労して何かを創造する喜びを味わう経験を減少させるものもある。そして，子どもの生活に既製品があふれていることは，生活の中で道具の使い方を身に付ける機会が少ないことをも意味している。

　また，他者について知る体験に関してはテレビやビデオの影響も無視できない。テレビが乳幼児期から子どもの生活の中に入り込んでいる。乳幼児用のビデオも流通している。このような視覚や聴覚に主に働き掛ける刺激は擬似的な他者体験しかもたらしてくれない。他者とは何であるのかを理解できるのは，互いに身体を通して感じ合うかかわりによる以外にはない。それは諸感覚がすべて響応することで可能なのである。しかしながら，現代では，知らず知らずのうちに擬似的な他者体験の比率が高まっているのである。

　さらに，人が社会的な存在として成長していくべきであるとするなら，多様な他者との多様な関係を体験し，そのかかわりの中で実際に行動し，考える体験が不可欠である。なぜなら，それは，他者の固有性を知り，自分を知り，社会を知ることを可能にするからである。しかしながら，現代では，幼児が日常生活の中で，多様な他者と十分にかかわり合える機会は乏しくなっている。

　また，幼児の身近な世界，環境から自然が減少してきたと言われ，それは加速度的に進行している。都市部では，田んぼや畑，小川などが消え，コンクリートとアスファルトに覆われ，自然界の不思議，命の営み，人間も自然界の一部であることなどが感じられなくなっている。子どもたちは，遊園地などの，人工的に計画された環境の中で，計算された楽しみを享受している。そのため，計画されない環境のいたるところに人知を越えた驚きが存在していることに気付くことができないのである。

このように，現代の生活環境は幼児に必要な生活体験を減少させていると言える。

3　子育ての混迷

現代では，子育てに関する価値観が多様化するとともに，子育てに自信のもてない親が増えている。その意味で，現代の日本では，子育てが混迷していると言える。

子どもは厳しくしつけるべきだと考える人がいる一方で，子どもの人格を尊重して叱るべきでないという人もいる。子どもを伸び伸びと育てようとする人もいれば，早くいろいろなことを教えようとする人もいる。社会性を重視する人もいれば，知的な発達を重視する人もいる。このように子育てで重視する価値観は様々である。さらに，人格の尊重とか，伸び伸びと育てることや知的な教育等，それらについての認識もまちまちである。

このような状況下で，ある親はどのように子どもを育てたらよいのか分からず，自信を失い，不安に陥る。またある親は，受験などを念頭においたいわゆる知的な教育に邁進する。さらに，これに家庭と地域社会のかかわりの希薄化が加わり，幼児が幼児期に体験し身に付けるべきことが十分にできなくなっていると考えられる。

例えば，以前は，どこの地域でも子ども会の活動が活発に行われており，異年齢の子どもたちと指導する大人たちが，様々な活動を一緒に計画し，実行していた。それが，子どもの成長に大きな影響を与えていた。ところが，近年では，多くの子どもたちがスポーツクラブや塾などに通うようになり，子ども会の活動が行えなくなってきた。これは，親の意

識が，子どもに特定の技術や能力を身に付けさせることに向いており，多様な人々とのかかわりの中で，社会性を身に付けさせることにあまり関心が向けられていないからと言えよう。

このように，現代では，子ども時代，特に幼児期に，まず子どもたちが十分に体験し身に付けるべきことは何かが不明確になってきているという意味で，子育てが混迷していると言えるだろう。

4　生活を豊かにする

以上のような現代の子育てや教育環境の中で，幼稚園教育に求められるのは，幼児の発達という観点から，その生活を豊かにすることである。

生活を豊かにするとは，単に生活範囲を広げることではない。もちろん，幼児の限られた生活範囲を拡張することは，幼児が新しいことに出会う可能性が増えるという点で意味のあることである。幼稚園の外に出掛けることはそのような意味をもつ。しかし，幼児の発達の観点を中心として生活の豊かさを考えるなら，体験の多様性と関連性が重要になる。

幼児が調和のとれた発達をしていくためには，発達の様々な側面に関連する多様な体験をすることが重要である。そのためには，幼児の興味や関心に応じた様々な活動を幼児が主体的に展開することが重要である。幼稚園外も含めた幼稚園生活において，幼児が友達や教師，小学生などの様々な人とかかわり合う体験をすること，自然に触れる体験をすること，身体を存分に動かしその感覚を十分に働かせる体験をすること，満足のいくまで何かを追求し創意工夫する体験をすること等，様々な体験ができるように，環境を整え，教育の計画を立てることが必要である。

さらに，生活の豊かさは多様な体験を保障するだけで尽きるわけでは

ない。様々な体験が関連をもってくることも大事である。ある活動に伴う体験が別の活動の体験と結び付く,すなわち,複数の体験が結び付くことによって,幼児の世界は更に多様さを増し,個別の体験だけでは気付かなかったことに気付くというように,幼児が環境や自分自身を新たな見方でとらえることができるようになる。例えば,自然公園や雑木林で遊んだ体験が,園庭で探検ごっこをした体験と結び付くことがある。そして,そのことが,園庭の自然としての環境に幼児の関心が向くこともある。

　このように,個別の体験がそれだけで完結して終わるのではなく,過去の体験が新たな活動を生み出し,新たな体験に結び付いていくことが,体験が関連性をもつということである。そのとき,幼児の生活は一層豊かさを増すのである。

5　人間関係を深める

　幼児が発達する上で他者とのかかわりが不可欠であるが，特に人間関係を深めることが重要である。なぜならば，それが社会的な面での成長を左右するだけではなく，情緒や知的な面等，他の発達にも影響を及ぼすからである。

　幼児の人間関係の深まりは友達を意識し，心を通わせることから始まる。互いに気持ちを感じ合い，思いや考えを伝え合い，理解し合うこと，つまり相互理解を深めていくことが人間関係の深まりをもたらす。それゆえ，人間関係を深めることは，単に様々な人とかかわるということだけを意味するわけではない。もちろん，様々な人とのかかわりを体験することはそれだけでも意味のあることである。しかし，幼児が更に成長していくためには，他者とのかかわりの質が問題である。それが関係を深めることの重要な側面である。

　例えば，教師が「仲良く遊ぶこと」に腐心し，幼児同士の間に問題が起こらないように，また，問題が起きても速やかに解決するようにかかわっている場合には，幼児同士の相互理解も人間関係も浅いものとなり，人とかかわる力はあまり育たない。一方，幼児がとことんぶつかり合うことを通して互いに分かり合う体験をするなら，幼児同士の関係は深いものとなり，また，人とかかわる力もよりよく育つことだろう。つまり，どのように他者とかかわるかというかかわりの質の違いが幼児の成長を左右するのである。

　小学生との交流に関しても同様のことが言える。単に，交流することだけで終わるのか，交流を通して幼児と小学生の人間関係を深めることも重視するのかで，その活動のもたらすものは異なる。関係を深める過程で，子どもたちは互いに多くのことを学ぶ。

このように，人間関係を深めることが重要であり，どのようなかかわりが大事か，その質を考えることが重要である。

6 学びを豊かにする体験
(1) 体験の多様性
　幼児の生活を豊かにするには，多様な体験が可能であることが一つの条件であると述べたが，多様性について再度考えておきたい。
　幼児が体験から学ぶのは，その体験が有意味であるからである。幼児が自分の体験に肯定的な意味を見いだすことは大事である。それは幼児を能動的にし，意欲的にするからである。しかし，幼稚園生活においては，否定的な体験も多い。例えば，シャベルを使っていたら他の幼児に取られてしまうとか，遊びに加わろうとして「入れて」と頼んだら，「だめ」と断られてしまう等，これらは幼児の気持ちを暗くしたり，孤独にするという意味で否定的な体験である。確かにこれらは幼児にとって，否定的な意味をもっている。しかし，否定的ではあっても，それも有意味なのである。有意味だからこそ，否定的な体験を通して幼児が成長することもあるのである。例えば，仲間外れにされ，孤独を味わったことが，その子どもにとって友達と一緒に遊ぶことの価値を高め，同じように仲間外れにされる友達の気持ちに目が向くようになるだろう。
　否定的な体験はそのままですべて幼児の学びの源になるわけではない。登園をしぶるという事態をもたらすことさえある。問題は，否定的な体験から肯定的な意味を幼児が見いだせるかどうかなのである。それは教師の援助いかんによるところが大きい。教師の援助により，幼児が積極的に生き，友達との関係を深めていくこともできるのである。

このように，幼児の学びにとって意味のある体験には，肯定的なものだけではなく，否定的なものも含まれるのである。

（2）揺さぶられる体験
　幼児が何かをよく学ぶのは，体験が幼児の心に強く訴えてくる場合である。つまり，幼児が出来事により揺さぶられるときである。揺さぶられるとは，何らかの情動や感情が喚起されるということである。
　幼稚園生活において，幼児は様々な心を揺さぶられる体験をする。友達とのかかわりにおいて，うれしいとか，楽しいとか，よかったとか，すごいなどと思うこともある。ウサギの世話をしたり，それと遊ぶことで，温かいと感じたり，かわいいと感じたりすることもある。教師にお話を聞かせてもらって，どきどきしたり，わくわくすることもある。園庭の思いもよらぬところで，昆虫を発見して歓声を上げることもある。このような体験は常に情動を伴っているのであり，それゆえ，有意味な体験として幼児の心に残るのである。
　このような体験は幼稚園生活のいたるところで生じる。教師はこのような体験を共有し，幼児の気持ちに共感することで，幼児の学びを確かなものにすることができるのである。

7　学びを豊かにする他者とのかかわり
　幼児の人間関係が深まるということは，幼児同士が互いに影響し合いながら，様々なことを学ぶようになるということを意味する。すなわち，幼児の協同性が育つのである。協同性の育ちが幼児の学びの質を左右するのである。

幼児が友達を意識し，友達の存在を感じるようになることが既に協同性の始まりである。やがて幼児は協同で遊びを展開するようになる。一緒に遊ぶ相手がいることが，幼児の探究心を高め，創意工夫の努力を継続させ，新しい発想を生み出す。そして，協同で遊ぶことにより，幼児は協同の仕方を身に付ける。それゆえ，幼稚園生活における幼児の学びの多くは，他者との協同に負っていると言えるだろう。

　したがって，幼稚園教育の目的の一つは幼児の協同性をはぐくむことであると言える。教師は他者とのかかわりを協同性という視点でとらえ，幼児同士が互いに学び合える関係が築けるように，かかわり合って学ぶ力が育つように援助する必要がある。そのためには，発達の過程に即してどのように幼児の協同性が育っていくのかを明確に理解することが大事である。

第2節　小学校以降の生活や学習の基盤をつくる

1　芽生えの時期としての幼児期

　幼児は家族を中心とした家庭生活から，幼稚園生活に入り，同じ年代の集団での生活や遊びを通して，様々な人やものに出会い，いろいろな出来事を経験する。幼児期は，この経験から学びが芽生え，自我や道徳性の芽生えがはぐくまれる時期でもある。その芽生えが，児童期以降の生活や学習の基盤となり，生涯にわたる学習において花や実を豊かにつける根や芽となる。太い根や確かな芽が，その後の健やかな成長を支えるもとになるように，幼児期の教育は生涯にわたる学びと成長を支えるものである。幼児教育の専門家である幼稚園の教師は，幼児一人一人の芽生えを理解し，その芽が伸びる適当な環境を構成して指導を行うために，様々な役割を担うことが求められている。植物の芽生えが適切な時期の種まきと肥沃な土や水の環境によって可能となるように，教師は発達の時期と道筋を見通し，環境を通しての指導により，幼児期にふさわしい発達を保障していく。

　幼稚園教育は，教科等の授業を中心とする小学校以降の教育とは，教育課程の編成や指導の方法において異なっている点がある。また，友達と協同で展開していく遊びや学級集団を中心として自分たちの生活をつくっていく多様な経験と活動が継続的に行われる点で，乳児期の保育とも異なっている点がある。家庭的な生活から活動範囲が広がることで様々なものや人，事に出会い，その中で自らの気付きや発想を友達や教師に伝え共有し合っていくことによって，小学校以降の学習の芽生えが

生まれる。

　幼児は身の回りにあるものや出来事に関心を示し，その幼児のやり方でかかわり学んでいく。それは，大人が考えている知識や概念と同じではないけれども，幼児なりのこだわりをもって，ものや事をとらえている。友達との協同での遊びや生活経験を通して自ら学んでいくことが，幼児の学びの特徴である。幼児は，大人があらかじめ立てたねらいや目的に沿って，順序立てて言葉で教えられ学習するのではなく，幼児の興味や関心に応じて環境を選び，諸感覚を通して身体でかかわり感じ取り，活動しながら学んでいく。

　幼稚園教育は，小学校以降の教育と方法は異なっている。けれども，生きる力をはぐくむことをねらいとし，各時期の発達の特性を踏まえた教育課程に沿って指導計画を作成し，専門家である教師が指導に当たる点では，小学校以降の教育と共通している。そこに学校教育の始まりとしての幼稚園教育の位置付けがある。幼稚園で培った学びや道徳性の芽生えが小学校以降の生活や学習に生かされる。幼児期の経験が小学校入学後もつながって生かされるように，教育課程の滑らかな接続，特に入学前後には接続時期を考慮した教育が保障されることが必要である。そのために，幼稚園の教師が小学校以降の教育課程とのつながりを学ぶ一方，幼児期が小学校以降の学習の芽生えの時期であることやその時期に応じた教育を幼稚園がどのように実施しているのかを，保護者や幼稚園以外の教師にも理解してもらうことが必要になる。幼稚園と小学校，更に中学校へと教師や地域の大人が連携協力することによって，この芽生えは確かに育つものとなる。

2　遊びや生活の中での学習

　学ぶということは，これまで経験し理解していたことが，何らかのきっかけから，興味や注意を向けてかかわることになり，新たな面や新たな関係に気付き，これまで理解し身に付けていたことと，新たな気付きがつながり，理解が広がり深まる過程であり，それによって新たなやり方ができるようになっていく過程である。生涯にわたり，学びを通して，その人の世界は変わっていく。幼児期においても，この学びの過程は共通である。

　遊びの中で，幼児は「あれ？へえー」と諸感覚を通して新たなことに気付き疑問をもち，「こんなふうにしてみたい，あんなふうになってみたい」という思いをもつ。そして「○○かもしれない」「○○してみよう」とその幼児なりに考え，試しかかわることで，「やっぱりそうだった，○○だから○○なんだ」と分かり，満足感を得る。またうまくできない経験から，新たな思いが生まれ「もっとこうしてみよう」と更に工夫し，自分の予想や発想を実現できるよう表現していく。その幼児なりのやり方やテンポで繰り返しいろいろ試してみること，その試す過程自体を楽しみ，その過程を通して友達や教師とかかわっていく中に，遊びの中での学びがある。物事への気付きや思いをもち，そこから考え，試し，工夫し様々な形で表現していく過程は，小学校以降の学習の芽生え，すなわち自ら課題を探究し解決していくことへの芽生えということができる。

　そのためには，次のことが重要となる。

（1）安心できる幼稚園生活

　幼稚園の中で教師との信頼関係を築き，安心し安定して過ごすことができることによって初めて，幼児は保育室や園庭で，伸び伸びと活動す

ることができる。何か不安感をもち，落ち着かないときには，幼児は一つの遊びに集中して深くかかわることができない。生活や遊びの中で安定した気持ちで過ごすことによって，幼児は遊びを楽しみ，その世界に入り込んで自分を発揮していくことができる。入園後の時期や進級後の時期には，環境や人間関係が変わったり，行事の前後などには教師が立てた予定に追われて，幼児が不安定になったりすることが生じやすい。安定した環境や関係を学級や幼稚園全体でつくることを，教師が見通しをもって心掛けていくことで，遊びが深まり，その中に学びが生まれる。

（2）諸感覚で感じ取りかかわる経験

　幼児は，身の回りにある自然や生き物，素材や道具，遊具などの環境やその環境の変化に目を向け，働き掛ける対象を自ら選び，見たり触れたりしてかかわっていく。水たまりに偶然石が入って波紋ができたことに気が付いた幼児は，今度はそのことを確かめてみようと繰り返し石を投げ入れてみて，輪ができることや輪のでき方がいろいろあることに気付いていく。また，砂を触ったら冷たいと感じることでその日の湿り気を感じたり，砂にもいろいろな砂があることを感じ，型に押し入れてみることで力加減によってそこに形ができることが分かったりする。すると，更に違う形を作り出そうと別の型に入れてみたり，もっとたくさん作って並べてみようとしたり，もっとしっかりした形を作ってみようとしたりと，挑戦が始まる。また，砂に水を流し入れたりして，新たなものを加えることで砂に生じる変化に目を向け，様々なことに気付いたりする。また，自分の折った紙飛行機がうまく飛ばない。ところが友達の飛行機は，もっとよく飛んでいることに気が付く。そこでもっとよく飛ぶように，友達の飛行機の様子や折り方，飛ばし方をじっと見て，工夫

するようになっていく。

　このように，幼児自らが注意を向け，ものや事の動きや変化を諸感覚で感じ受け止めることによって，発見や気付き，面白さや楽しさが生まれる。するとそこから，意図してそのものや事にかかわり始めるようになる。かかわる対象に目を凝らしたり，耳を澄ましたり，そっと触れてみたり，嗅いでみたり，味わったりと，そのものの様子や動きを感じ取ることから，心や体が動き始める。まず対象の特性や様子，変化，動きを感じ受け止めることから，学びが生まれる。そして幼児なりにそのものへの思いが生まれ，その幼児なりのかかわり方が生まれるのである。ただ働き掛けているだけではなく，対象の動きや変化の様子を，幼児は幼児なりのやり方で受け止めている。そして，それを確かめようとしたり，相手の動きにこたえようとして更にかかわっていく。この受け止めかかわる過程の中に学びがある。いわゆる小学校以降の学習とは，学びのときも対象もかかわり方も異なる形をとっている。しかし，あるものや事に注意して自ら受け止めようとする心の在り方は，小学校以降の学習の芽生えとなり引き継がれていくものである。

（3）協同での遊び

　感じ取りかかわる経験は，物に対して行われるだけではない。友達や教師が楽しそうに何かを行っている姿，かっこよくやっている姿を見て，自分も同じようにやってみたくなり一緒に動き始める。また知らぬ間に体が動き始め，まねてみることもあるし，相手の動きにこたえ，自分から新たな動きを始めることもある。この動きの中で諸感覚や身体を通して起こっていることを感じ受け止める経験が学びとなる。

　かっこよく踊っている年長の幼児を見て，年少の幼児が自分もそのわ

きで踊ってみることで，踊りを覚え一緒にリズムに合わせて踊る楽しさを感じていく。そこからリズムに合わせる心地よさや様々なリズムやテンポの面白さを感じ学んでいく。また，友達が手紙をかくと言って，葉書のような紙に何かをかいている。それを見た他の幼児も，絵や文字らしきものをかき始める。その手紙を友達に手渡すことの楽しさや手紙をもらった友達が返事をくれることのうれしさが，絵や文字らしきものをかくことで自分の思いを人に伝えることができるという伝え合う気持ちへの学びとなる。相手を見て心や身体が動き，応じて動くことから学びが生まれる。同じ年代の友達であるからこそやってみようという気持ちの中で，学びが育つ。同じことをしたり，まねたりする中からも，学びが生まれる。

また，友達と協同で何かをつくり出し遊ぶ中で，一人では思いつかなかった発想の遊びが生まれたり，友達のものと自分のものが一緒になることで新たなものがつくり出される経験を，幼児は遊びを通して，繰り返しの中で学んでいく。一つの空き箱で電車を作って走らせていた幼児が，他の幼児の走らせている姿を見て，つなげてみようと考える。そこから何でつなげたらよいだろうか，もっと長くつなぐにはどうしたらよいだろうか，もっと本当らしくしていくにはどうしたらよいだろうかと，幼児たちの中でやってみたい協同の遊びが生まれ，実現するために一緒に考えて作り遊ぶことが始まる。鬼遊びやリレー等，集団で行うルールのある遊びの中でも，ルールを皆で相談して変更したり新たに考え出し付け加えて遊ぶことで，ルールをつくることの必要性やルールを守ることの大切さを実感していく。一人ではできないことが仲間と一緒だからできていく楽しさ，友達の考えや行動を自分の中に取り入れたり，自分の考えや行動を友達が取り込むことでつながっていく楽しさ，それによって遊びが進む面白さや一体感が生まれていくこと，何かがつくられていくことを感じることやそれによって相手のことや集団の中でのルールの意味を感じることが，協同での遊びの中での学びである。これらの遊びは，小学校以降において，共に学び合う学習の芽生えをつくるものになる。

　もちろん，友達とかかわる中では，相互に動きや考えを取り入れたり，一緒につくり上げる経験だけではない。友達に自分の思いや考えが聞き入れられず拒否されたり，自分の思いとは異なる方向に進むことで，いざこざが起こることもある。しかし，その葛藤(かっとう)体験の中で，相手の気持ちを考えたり，自分の思いを相手に分かってもらえるよう言葉で伝えることの大切さ，幼児なりに主張したり，交渉したり，譲ったり，謝った

り，許したりすることの必要性を感じ，他者のことを思いやる体験を積んでいく。そこに人とかかわる学びがある。

（4）生活の中での学び

　日々の生活で，教師や友達と共に行動する中でも多くの学びがみられる。幼児は，気付き感じたりしたことを教師や友達に伝えたり，一緒に動いたりすることで，皆で気付きや感情をわかち合いながら学んでいく。

　あいさつをしている友達を見て，自分もあいさつをする。そして相手に笑顔でこたえてもらう心地よさを感じる。それはあいさつの仕方を学んでいるだけではない。相手に言葉や自分を受け止めてもらったうれしさや心が通い合う気持ちよさを実感することが，生涯にわたってその場にふさわしいあいさつをすることや言葉を伝え合うことの学習の芽生えとなっている。

　片付けを学ぶことは，集団での生活や活動を行う上で大切なことである。けれどもそこで片付け方が分かるだけではなく，繰り返し経験していく中で，片付けるときれいになって気持ちがよいという清潔さや整理整頓することの気持ちよさを味わう。そして何かをして遊ぶためには片付けておくと便利であるという片付けの必要感や皆で片付けると早く片付けられるという協同で何かをすることのよさを実感する。また，片付けを通して自分たちできれいにした部屋であるという保育室への愛着や同じ形や大きさのものを分けることで片付けやすくなるという分類の必要性等，体験を通して片付けという行動の意味を感じていく。それは，幼児自身が言葉で説明できたり意識化されているものではないが，生涯にわたって身の回りをきれいにすることや生活において助け合って行動することを支える学習の芽生えとなる。

幼稚園教育では，身の回りのことが自分でできることや，集団の中で役割をもって行うことができるようにしていく中で，その行動をすることの必要感も培っている。そのことが，小学校以降の学級での集団生活の基盤をつくっている。

（5）繰り返す経験からの学び
　幼児は同じ遊びを繰り返したり，生活経験を積み重ねることによって，様々な発見をしたり，自ら発想し工夫をしていく。例えばチームに分かれての遊びでチームの友達の人数を数えるときには，同じチームの人を集めてから数えた方が数えやすいことや，きちんと並べて二つのチームの人が一人ずつ向き合っていった方がどちらの数が多いかがすぐ分かることなどを，教えられなくても繰り返しの中で発見していく。物を配るときにも，例えば一つずつ3回配っていく経験の中で，三つずつ配る方が早いことに気付いていく。その中で「ずつ」ということを体感する。様々な遊びの中で，並べる，まとめる，そろえる，数える，比べる，分

けるなどの経験や，多いことや少ないこと，重いことや軽いこと，長いことや短いことなどを実感しその言葉を学んでいく。水遊びをすればその中で，濃さや薄さ，花や葉から出る色と絵の具の色や匂いの違い，水の感触などを体で感じている。その経験からそれをジュースに見立てるなど遊びの中で自分が作ってみたいと思う色水を作って遊ぶ楽しさを味わっていく。

　また絵本を繰り返し読んでもらうことを通して，お話の世界の登場人物になって遊んだりする。また皆で静かに耳を澄まして聞くことの楽しさを感じていくことで，人の話に耳を傾けて聞くことの大切さを体で感じている。

　日々の遊びや生活においては，一見同じことの繰り返しのようにみえる姿の中に，幼児自らが様々なことに気付き，工夫する姿がみられる。

3　遊びと生活の中での学びを通して育つ道徳性

　幼稚園の遊びや生活の中では，学びと共に道徳性の芽生えも生まれる。学びと道徳性の芽生えは別々に起こるのではない。経験の中では両輪となり，そこに幼児の自我が芽生えていく。多様な人や生き物と繰り返しかかわる中で，その人や生き物への気付きと思いが生まれてくる。また様々な人と出会う中で，相手の言動から学ぶと同時に，相手の立場に立って考えることや自分の思いを伝えたくなったりすることを学ぶ。自分の思いと他者の思いをどのように共に実現できるかを考える中で，自己を主張することと抑制すること，相手の話を理解することなどを学んでいく。

　よいことやきまりを守ることは知識として言葉で学習するのではない。

幼稚園生活での壊す経験や破る経験，競う経験，争う経験等，様々な経験の中で教師の適切な指導と援助によって，やってよいことと悪いことを体感していく。そして，いざこざや葛藤(かっとう)とその対処を通して，道徳性が芽生えるのである。すなわち，よいことと悪いことを教師がきちんと伝えると同時に，なぜそれがよいことか悪いことかを自ら気付いていけるように働き掛けていくことによって，芽生えは培われる。幼児期の教育は，小学校以降の教育のように教科や道徳，特別活動と分かれているわけではなく，協同的な遊びと生活の体験の中で，学びと道徳性の芽生えを培っていると言える。

4　芽生えを培うための理解と協力

　これまでに述べてきたように，幼児期の教育は遊びと生活の中で，幼児自らの活動の中に様々な芽生えを教師が見取り，その芽を発達を見通して大切に育てていくことが求められている。そのためには，初めての集団生活で様々な環境と出会う中で安定していけるよう援助する時期，遊びが充実し自己発揮できるように適当な環境の設定と援助を行う時期，さらに，人間関係が深まり学び合いが可能となるよう挑戦していける環境を準備する時期等，入園から修了までの教育期間を見通し，幼稚園全体で幼児の芽生えを育てていけるよう，発達の時期に応じた指導計画を作成していくことが必要である。

　幼児の様々な気付きは，日々の保育の中での小さな出来事の中に数多くある。それを教師が理解していくためには，その幼児の動き，その動きの奥にある心の動きを感知していけるよう，教師同士が幼児のことを折に触れて話し合い記録して，専門性を高めていくことが必要である。

豊かな学びは，様々な環境と経験から生まれる。日々の園庭や保育室の環境に目を向けて，一人一人の幼児が主体的に様々な経験ができるように環境を構成することが必要である。

　そして子どもの芽生えの姿を保護者にも伝え，理解と協力をしてもらうことが求められるだろう。少子化とともに親もまた子どもの育ちに不安感をもっている。専門家としての教師が活動の内容や意味，発達の見通しをきちんと伝えることで親も安心して家庭で子どもと接していくことができるようになる。入園から修了までの幼稚園の様々な活動の中で，芽生えを培う幼児期についての理解を深め，親も共にその芽生えを家庭で育てていけるよう協力してもらう必要がある。

第2章

幼児期から児童期への教育を豊かにする視点

　第2章では，幼児期から児童期への教育を豊かにする視点をまとめた。第一は，幼児の生活の連続性を踏まえ，家庭での生活を受けて幼稚園生活をつくり，幼児の生活の広がりと深まりをつくることである。第二は，教師が幼児理解を深め，教材研究を進めることである。第三は，教師や友達の話に耳を傾けて聴くことから，幼児同士で伝え合うことができるように育てることである。第四は，人間関係の深まりに沿って協同性を育てることである。第五は，小学校との連携を深め，教師自身が児童期への発達や教育の見通しをもつことである。第六は，家庭との連携を深め，保護者の理解を得ることである。

　この章を通して，幼児期から児童期への発達や学びの連続性を踏まえた指導計画の作成や，幼児のものや人とのかかわりを豊かにする環境の構成や教材の在り方，小学校や家庭との連携の在り方等についての理解が深まることを期待したい。

第1節　生活の広がりと深まりをつくる

1　家庭での成長を受けて幼稚園生活をつくる

　幼児にとって家庭は，愛情としつけを通して幼児の成長の最も基礎となる心の基盤を形成する場であり，幼稚園はこうした家庭での成長を受けて，家庭では経験できない社会や文化，自然などに触れ，教師に支えられながら，幼児なりの世界の豊かさに出会う場である。

　したがって，幼児期から児童期への教育は，教師が，幼児一人一人の家庭生活を受け入れつつ幼児と共に生活をつくることから始まり，幼児が幼児なりの世界の豊かさと出会いつつ，教師の支えを得て自分の世界を広げていくことにより小学校教育につないでいくと言える。幼稚園教育においては，幼児は様々なものや人と出会うことによりその生活を広げ，それらとのかかわりを深めることにより充実した生活をつくり出すことが重要となる。このため，指導に当たっては，教育課程に基づいて指導計画を作成し，幼児の発達や生活を見通して，幼児にとって意味をもつ環境を計画的に構成することが求められる。

　幼児にとって意味をもつ環境とは，幼児の生活と関連をもち，その心が揺り動かされ，何らかの形で幼児の発達を促す環境であり，それは幼児の主体的な活動を促す環境と言える。

　例えば，体を思い切り動かして遊ばせたいと思い，教師がいろいろな運動遊具を用意する。しかし，これまで運動遊びの経験が乏しい，あるいは運動遊びに興味のない幼児にとっては，運動遊具があるだけの環境は，あまり意味をもたない。それらの遊具で教師や友達が楽しそうに遊ぶ姿を見て，初めて自分もかかわってみたいと思うようになる。それは

その環境がその幼児にとって意味をもつようになったからである。

したがって,同じ環境であっても,幼児のこれまでの生活経験,発達,興味や関心などにより,その受け止め方が一人一人異なる。幼児の生活を広げ深める環境となるようにするためには,常に,幼児一人一人の視点から環境を見直す必要がある。

特に近年では,少子化や情報化,都市化等,幼児をとりまく環境の急激な変化に伴い,幼児の家庭や地域での生活や遊びが変化し,幼児の様々な自然体験や,人とかかわる経験が不足したり偏りがあることが指摘されている。したがって,家庭での成長を受けて始まる幼稚園教育においては,こうした幼児一人一人の生活経験の違いを知り,様々なものや人との出会いを工夫し,幼児一人一人の環境とのかかわりを丁寧にみていくことが必要となる。

例えば,ある2年保育4歳児の学級に,入園前の生活で戸外に出る機会が限られていたため運動遊びの経験が少なく,体の動きがぎこちない幼児が何人かいた。幼児たちは絵をかいたり,空き箱で何かを作ったりして保育室で過ごすことが多く,教師が,鬼ごっこやブランコなどの運動遊びに誘い出しても,いつの間にか保育室に戻ってしまう。教師は,天気のよい日は戸外に誘い,自然に触れて遊ぶようにした。チョウを追いかける,風に舞う花びらを捕まえる,草花を摘んでままごとをする等,できるだけ園庭の自然とかかわる機会をもつようにした。幼児は,次第に戸外遊びの心地よさや楽しさを体感するようになり,1学期後半になると,自分から戸外に出掛け,いろいろな戸外遊びを楽しむ姿を見かけるようになってきた。園庭の自然とかかわる機会をもつことで,無理なく自ら体を動かして遊ぶことができるようになってきたのである。これまでの家庭や地域の生活で失われていた育ちの機会を取り戻すことができたと言える。

2　遊ぶ中で広がり深まる生活経験

　幼児は夢中になって遊ぶ中で，教師や他の幼児，様々な人々，遊具や用具，草木や小動物などの自然，さらに，様々な遊びや活動などと出会い，それらとのかかわりを深める中で次第に生活を広げていく。出会うということは，単に見るだけではない。あるものに触れ，心動かされ，幼児なりに新たな世界に気付いていくことである。

　例えば，ある3歳児が，ザリガニのいる水槽を一人で見ていたとき，後から同じようにザリガニに興味をもった他の幼児が，隣に来て共にザリガニを見る。初め二人の間には言葉がない。ザリガニに触れる中での気付きや発見をそれぞれの言葉で話している。初めはそれぞれの言葉であったが，だんだんに相手の言葉を受けて話すようになる。時折，顔を見合わせて会話を交わす場面がある。互いに友達として存在を意識し始めるようになり，その後，二人は隣のメダカがいる水槽を覗き始めた。しばらくの間，二人は一緒に行動するようになる。友達として意識する

ようになったからである。ザリガニと出会うことで，友達とも出会えたわけである。

　幼児は，夢中になって遊ぶ中で，様々な人やものと出会い，様々なことを学んでいく。例えば，幼稚園には遊びに使ういろいろなものがあり，それぞれに使い方や特質があることを知る。また，友達と一緒に遊びを進めるためには，いろいろな約束やきまりがあることを知る。友達と一緒に遊ぶためには，自己主張もするが我慢をしなければならないときがあることを知る。幼児が，遊びの中で学ぶことは限りなくある。幼児にとって自発的な活動としての遊びは，最大の学びと言われるゆえんである。

　こうした遊びの中で幼児が人やものとのかかわりを広げ深めながら，様々なことを学んでいくためには，何よりも幼児の主体的な活動を促す環境を確保することである。そのために，幼児の身近にある様々な事物，生き物，教師や友達，自然事象や社会事象など，それぞれが幼児にどのように受け止められ，いかなる意味をもつのかについて，教師自身があらかじめ理解しておく必要がある。

　また，遊びの中での幼児とものや人とのかかわりは，発達により異なることも理解しておかなくてはならない。入園当初は，遊びの中でそのときどきの環境とのかかわりを楽しんでいる。しかし，次第に幼稚園全体の環境のそれぞれの特質や特性を幼児なりに分かっていくと，遊びの目的に沿って環境の中から使いたいものを選択するようになり，遊びが充実し自己を発揮するようになる。さらに，友達とのつながりができ人間関係が深まると，友達のしていることを取り入れ，自分たちの遊びに生かしたりして，友達と互いのよさや得意なことを生かし合ったりするようになり，かかわり合って学ぶ協同的な活動が成立する。

　このように幼稚園で，幼児が主体的に遊びに取り組み，その中で自らの

生活経験を広げ深めていくことが可能な環境を構成していくためには，指導計画の作成及び実践，評価を重ねる必要があることは言うまでもない。

3　広い視野から幼稚園生活をつくる

　幼児が様々な人やものと出会い，それらとのかかわりを深めていくためには，広い視野から幼稚園生活を考える必要がある。

　家庭から幼稚園に入園した幼児にとっては，幼稚園生活そのものが新しい文化との出会いであり，新たな世界づくりの始まりである。幼稚園生活では，家庭にないものがあり新鮮な驚きや体験をすることができる。幼稚園生活も1年そして2年と経過していくと，幼児の視野も次第に広がり，幼稚園の様々な環境を活用するようになる。また，必要な情報を提供すれば，幼児なりに生活を見通して，主体的に人やものとかかわることも可能となっていく。

　幼稚園生活に慣れ，様々なものや人とのかかわりが深まってくると，幼児は，面白い遊びはよく繰り返す。そして繰り返す中で，幼児なりに新たな気付きや発見，楽しみを見いだしている。しかし，同じ遊びの繰り返しが必ずしも幼児にとって望ましいわけではない。ときには，環境がいつも同じであるために，遊びが固定化していることもある。このような場合，教師は，幼児の生活の広がりや深まりに沿って，幼児が新たなものや人と出会うことを考えていく必要がある。

　その際，園行事を見直す，異年齢の交流を積極的に行う，地域の自然環境や社会環境，人材を活用する，小学校などの他学校種との交流をする等，それぞれの地域や幼稚園の実態に沿って，園内外の様々な環境を活用し，活動を取り入れ，幼稚園生活に潤いと変化をつくっていくこと

が大切である。

　特に，幼稚園生活が２年目３年目となる５歳児は，幼児なりではあるが幼稚園の生活も環境もよく分かっている。幼児一人一人にとって充実した幼稚園生活となるためには，地域環境の活用や地域の人々との交流，小学校などの他の学校種との交流などを取り入れることが，幼児の人やものとのかかわりを広げ，深めることにつながる。例えば，小学校１年生との交流活動をした後，憧れの１年生の活動を自分たちの遊びの中に取り入れ，遊びを楽しむ。さらに，その遊びに年少の幼児たちを誘いながら遊ぶ姿がある。小学校との交流活動が，幼児のものや人とのかかわりを広げ深めていったのである。もちろん，こうした交流活動が，互いに実り多いものとなるためには，交流活動を通して経験させたい内容や育てたいことについて，事前に交流の相手や関係者と打ち合わせを十分にしておく必要がある。

　なお，こうした生活経験の広がりや深まりを考えて，地域の様々な環境を活用したり地域の人々と交流したりする際に留意したいことは，いろいろなものを幼稚園生活に取り入れることにより，幼児は様々な体験はできるが，幼児の充実した生活が見失われてしまう危険性がある点である。ゆとりをもった幼稚園生活を送れるようにし，一つ一つの体験を関連づけながら，幼児一人一人にとって生活経験の広がりと深まりを考えていきたいものである。

4　保護者の理解と協力を得る

　幼稚園における日々の中で，幼児の生活に広がりや深まりを生み出し，一人一人の自立に向けた生活が展開されていくためには，保護者の理解

と協力が不可欠である。

　例えば，幼稚園に入園して間もないときは，幼児が，幼稚園という新しい環境の中で，様々なものに興味や関心をもって行動することや，身の回りのことを自分でしようとする気持ちをもつことが大切である。そのためには，家庭では適当な休息を取りながら一日の生活のリズムをつくることが大切となる。我が子が幼稚園生活の中でうまくやっていけるかどうか不安に思うこともあるかもしれないが，保護者が安定した気持ちをもって子どもを幼稚園に送り出すことにより，子ども自身が安心して登園できることを理解してもらう必要がある。また，保護者には，うまく一人で洋服を着られない幼児がその幼児なりに着ようとしている姿を「まだ一人で着られない」とみるのではなく，幼児なりにがんばっていることに気付いてもらいたい。このような保護者の理解と協力があって，初めて幼児は安心して幼稚園生活を送ることができるようになり，自己発揮できる土壌ができていくのである。

　もちろん，このような保護者の理解と協力は，入園当初ばかりではない。幼児が様々な遊びを見つけ自己発揮していくときにも，友達といざこざを重ねつつ人間関係を深めていくときにも，保護者の理解と協力が必要であり，そのことが幼児一人一人の育ちを支えることにつながる。

　また，家庭から幼稚園へ，幼稚園から家庭へという連続した生活の中で，幼児の経験は広がり深まっていくことも忘れてはならない。幼稚園で幼児が真剣に取り組んでいることを保護者にも理解してもらうことにより，幼児は家庭においてもそのことを話題にしたり，再現したりもする。こうしたことが，幼児が探究心をもつことや集中して物事に取り組む態度を育てることにつながる。

　このようなことを踏まえ，日頃から幼児が幼稚園で生活する姿や指導

の方向性について保護者に伝え，話し合う機会をもつことが必要である。場合によっては，保育参加などを通して，幼児教育をよく理解してもらうことも必要である。幼児を支える家族や教師，その関係を基盤とした多くの人々とかかわる中で，幼児の生活は広がり深まっていくのである。

第2節　幼児理解と教材研究を深める

1　幼稚園教育の特質を踏まえた教材の選択

　環境を通して行う教育を基本とする幼稚園教育は，幼児が自ら周囲の環境に働き掛けて，様々な活動を展開していくことを重視している。それは，教師が計画して幼児にさせるというような教師主導の方法ではなく，幼児の視点に立った教育である。活動の主体は幼児であり，教師は活動が生まれやすく展開しやすいように意図をもって環境を構成していく。教師は幼児の生活する姿をとらえ，発達を見通して指導計画を立てるが，どんなに工夫して計画して環境を構成しても，そこにどう幼児がかかわるかは幼児にゆだねることになる。その上で幼児が自ら自由に人やものとかかわることを何よりも大切にしていく必要がある。

　このため計画的に環境の構成を行い，幼児一人一人の主体的な活動を確保し，その活動の中で幼児の人やものとのかかわりが広がり深まるようにすることが重要である。このことについて，幼稚園教育要領第1章総則1幼稚園教育の基本では，「教師は，幼児と人やものとのかかわりが重要であることを踏まえ，物的・空間的環境を構成しなければならない。また，教師は，幼児一人一人の活動の場面に応じて，様々な役割を果たし，その活動を豊かにしなければならない」と示されている。

　さて，こうした幼稚園教育における環境としての教材について考えてみる。教育の営みの中での教材のもつ意味は大きい。一般に，教材は，ある教育目標の実現のために，教師と子どもの間で選択された文化的素材であり，教育活動において，教師が，どのような教材を選択するかは，子どもが教材とのかかわりを通して何を学ぶのかにつながり，教育の成

果を大きく左右すると言われている。しかし，それは，必ずしも教師が教材を選択し，一方的にそれを子どもに与えることを意味しているものではない。子どもが教材と対面し，それらとかかわる中で，子ども自身がその面白さを見いだしたり，知識を発見したり，技術を獲得したりして，教材の意味が見いだされ，教材としての価値が決められていく。ある意味で，子どもと教師とで教材を選択しているとも言える。したがって，子ども理解に基づく教材の選択が重要なのである

　とりわけ，環境を通して行う教育を基本とする幼稚園教育では，あらかじめ教師が幼児の活動を予想して用意した教材であったとしても，幼児は教師の予想を超えて多様なかかわり方や使い方をすることが少なくない。また，教師が教材として用意したものではないのに，幼児が興味をもってかかわり，人やものとのかかわりを深める面白い教材となっていくこともある。幼児の教材とのかかわりから，教師の教材選択の在り方を考えさせられることも多々あり，幼児理解に基づいて教材を考えることが重要である。

　また，情報化や都市化などが進行する現代社会においては，幼児が本物に触れ，諸感覚を働かせてものの特性や特質を探り当てたり実感したりする経験が少なくなってきている。諸感覚をもって全身でものとかかわる幼児期だからこそ，幼稚園において，本物と触れる機会や多様なものに触れる機会を積極的に取り入れていくことも必要である。このため，幼稚園においては，幼児がどのようなものと出会い，どのようにかかわることができるかについてあらかじめ予想し，指導計画に位置付け，環境の構成を工夫する必要がある。その際留意することは，生活経験が乏しい幼児が，興味や関心をもってかかわり，探究心をもってかかわり続けるような環境の構成を工夫することである。教師には，幼児を理解し

その発達を見通すことや，ものの特性や特質を見極める目が求められる。幼児とものとのかかわりを理解し，かかわりを深めるためにはどうしたらよいかを考えることが，幼児と教材とのかかわりを研究することであり，それを教材研究と言うのである。

　なお，幼稚園教育では，幼児がかかわるすべてのものが，教材としての価値をもつものとなる可能性がある。したがって，幼児の周りに存在する様々な人や物，生き物，自然事象，社会事象，歌や絵本などを含め様々なものが，教材研究の対象となりうる。

2　幼児理解に基づいて教材との出会いをつくる
（1）幼児の興味や関心に応じて考える

　教材の選択に当たっては，幼児の興味や関心がどこにあるのかを把握する必要がある。また，教材として取り上げたものが，幼児にどのよう

に受け止められ，どんな意味をもつのかを理解し，さらに，幼児の活動にどう影響するかをとらえることが必要になる。同じ場で遊んでいても，幼児の興味や関心が異なることもある。

　例えば，ジュース屋さんごっこで，いろいろなジュースを作ることを楽しんでいる幼児がいる。この場合，いろいろなジュースができる素材や用具を準備する必要がある。しかし，幼児がお客さんとのやり取りを楽しんでいるのであれば，そのやり取りのできる場や雰囲気を工夫するだろう。また，砂場で遊んでいる場合に，ドーナツなどの型作りを楽しんでいるのなら砂は柔らかく掘り起こしておくが，水を流して川作りを楽しんでいるのなら堅いままにしておくことが適切である。

　このように，幼児がどんなことに興味をもって遊んでいるのか，何を楽しんでいるのか，何を実現したいと思っているのかにより準備する教材や環境の構成は異なってくる。幼児が，その興味や関心に応じて適当な教材と出会えるよう，教材を精選し，環境を構成していくことが必要となる。

（2）幼児の発達に即して考える

　幼児の興味や関心だけではなく，幼児の発達に目を向けて，発達に即した教材の選択も必要であり，さらに，幼児が教材とかかわる中で何を学んでいるかを把握する必要もある。

　例えば，3歳児はすぐ目の前にあるものに関心をもちやすいので，安全で衛生的で使いやすいように考えて，教材はなるべく目につきやすいように配置する。5歳児になれば，必要なら自分で探したり要求したりできるようになる。目的に沿って自分で探し出す経験もさせたいので，それに応じた配置を考える。

例えば，おうちごっこでも，3歳児のようにすぐになりたいものになりきって遊ぶ時期には，ままごと道具や，人形，エプロン等，すぐにおうちごっこができる教材を準備する。しかし，友達とイメージを出し合って自分たちの遊びをつくり上げようとしている時期であれば，料理作りの材料などになりそうな素材（布，毛糸，草花，木の実，紙類，紙皿，空き容器，割り箸，紙テープ），用具（はさみ，のり，カッター）等，友達とイメージを共有し自分たちでつくり上げる楽しさを感じられるような教材を準備する必要がある。このように発達の時期や活動を通して育てたいことに沿って，教材や環境の構成を考える必要がある。

（3）ねらいに沿って考える
　当然のことではあるが，教師が幼児の中に育ってほしいと思うことや指導のねらいによって，教材の選択も提供の仕方も異なってくる。例えば，5歳児が劇遊びをしたいと言ったとしても，お面や衣装などすべてを教師が準備してしまったら，自分たちでつくり上げていく力は育たない。自分たちで考え，工夫し，試行錯誤できるような教材を用意していく必要がある。指導のねらいによって準備する教材を選択し環境を構成する際に留意したいことは，その教材と幼児とのかかわりから，改めて幼児の発想や教材のもつ可能性を把握していくことである。教師がねらいに沿って，しかも幼児理解を深めて選択した教材であっても，幼児がその予想を超えて活用したり，その反対に全く興味を示さなかったりすることがある。大切なことは，それから教師が何を学ぶかである。教材として選択したからといって無理やり幼児に押し付けるのではなく，幼児にとって意味をもつものとなるためにはどうしたらよいかを考えていくことが大切である。

(4) 人間関係の広がりや深まりを視野に入れる

　幼児同士のかかわりの状況から，教材の選択やその配置を考えることも必要である。

　例えば，入園して間もない幼児の心が安定していない時期には，友達とのかかわりであまりトラブルにならないように幼児一人一人が満足できるような教材を考える必要がある。他の幼児にじゃまされずに一人で楽しめるものも必要なことがある。友達とかかわって遊ぶ楽しさを感じる時期であれば，友達と一緒に使ったり交代したりする経験もできるようにする必要がある。また，友達とかかわり合えるような広さや場所を考えることもあるし，必要であれば他の友達から見える位置を確保することもある。

　このように，人間関係の広がりや深まりなどの実情に応じて，教材の選択や環境の構成の仕方を考える必要がある。

3　幼児の活動を豊かにするための教材研究
(1) 教材の精選

　何も置いてない保育室であったら，幼児が興味をもって豊かに遊ぶことは難しい。しかし，様々な遊具や用具，素材などをできるだけ多く用意すれば遊びが豊かになるかというと，そうとも言えない。大切なことは幼児が遊びに没頭し充実感を味わっていくようにすることであり，そのために必要な教材が適当に置いてあることである。

　例えば，第3章第2節事例3では，4歳児が，空き箱をたらいの水に浮かべて遊んでいる。何度も繰り返して同じ箱を浮かべている。それは，保育室の遊具や用具の収納棚に「つるつるの箱」と表示され，普通の箱

と分別されて置かれていた。幼児が，単に手にするのではなく意図をもってかかわれるように準備していたのである。

（２）幼児と教材とのかかわりを深める教師の教材観

　教材とのかかわりが深まっていくことで遊びが充実していくことから教師はあらかじめ教材のもつ特質や特性をよく理解し，幼児の遊び方やかかわり方に即して，どのように取り上げていくかについて，予測をもつことが大切である。

　例えば，第3章第2節事例5では，5歳児がロープウェイを作っている。箱にビニールひもをつけただけのロープウェイから，トイレットペーパーの芯を使って動かすようにしたり，おもりを乗せて本物の動きに似せたりして遊びを発展させている。教師も一緒に考えながら新たな教材を提供したことで，幼児の関心が高まり，もっとこうしたいという思いをもつようになり遊びが充実している。

　次々と遊びが展開し充実していく環境を構成するためには，教材に対する教師の考え方やとらえ方，すなわち，教材観が大切である。幼児の周りにある様々なものには，どんな教育的価値があるのか，幼児の活動をどう広げ深めていくのか等，教材のもつ可能性を広くとらえられる教師の豊かな教材観が<u>重要</u>である。

　例えば，粘土は造形遊びをするもの，縄跳びの縄は跳ぶものという，固定化した教材観では，幼児の活動も広がらない。教材とかかわる幼児の姿から，教材のもつ可能性を広げてみていくことができるような柔軟な教材観をもつことが大切である。どんな教材でも，ただ置いてあるだけではあまり意味を見いだせないし，一年中同じ教材を配置していたのでは魅力がなくなってしまう。幼児にとって，魅力ある教材になってい

るかどうかを見極める教師の目が必要である。また，教師が，教材にかかわらせようとすればするほど，幼児の主体的な遊びからはかけ離れてしまうこともある。教材にかかわる幼児の姿をしっかり見ていくことが大切である。

(3) 教材研究を通して教育環境を豊かにする

　幼稚園教育における教材研究は，幼児の周りにある様々なものの教育的価値を見いだし，整理し，実際の指導場面で必要に応じて構成したり活用したりできるようにするための準備である。もちろん，明日の保育のために教材を準備することもあれば，長期的な視点に立って行うこともある。様々な教育活動に沿って，教師一人一人のものを見る目を磨いておくことが，実際の指導場面において，幼児の活動の広がりや深まりに応じて環境を構成するのに役立つのである。

　例えば，幼稚園内外の自然環境を地図にしてみる，幼児に歌わせたい歌やリズム遊びを集めて一覧にする，幼児が絵をかいたり物を作ったりする材料や素材を吟味し整える等，多様にある。また，幼稚園の教育環境や教育活動を充実させるために，幼稚園の教師全体で取り組むことが必要な教材研究もある。幼児の使いやすさや安全性から，遊具や用具の点検や効果的な配置を検討する，園庭の自然環境を四季折々の季節を楽しめるよう整備する等，よりよい教育環境を創造するための課題や，教育活動を充実して展開するための課題は限りなくある。各幼稚園においては，幼児の楽しく充実した豊かな活動が生まれるための教材研究に努めていきたいものである。

第3節　聴くことと伝え合いを育てる

1　身体で表現し伝え合う

　幼児期は，コミュニケーションの仕方が，身体表現による伝え合いからその土台の上に言語表現が育ち，言語表現による伝え合いへと，大きく変化していく時期にあたる。3歳児になった頃には，多くの幼児たちが自分の感じたことや思っていることを，まだ表情や身振り，手振りなどを交えて何とか自分なりの言葉で相手に伝えている。しかし，このような幼児たちが5歳児になる頃には，言葉によって自分の意図を相手に分かるように伝えられるようになっていく。こうした言葉の発達は，どのように生み出されていくのか，また，その発達を支えていくためには，何を大事にしていけばよいのかを理解する必要がある。

　幼児期に，幼児が周りの人々とコミュニケーションをとれるようになるためには，自分の思いや意思を言葉だけでなく身体表現も含めて，素直に表現できるようになることが基礎となる。嫌なときは拒否的な態度で応じることや首を横に振ることで表現し，うれしいときには満面の笑みを浮かべたり一緒に喜びの表現をしたりすることができれば，その幼児の感情や意思の本質は少なくとも相手に伝わることになる。

　こうして自分の気持ちや意図が相手に伝わりそれを受け取ってもらえることは，自分の気持ちが安定することにもなるし，受け取ってもらえた相手に対して信頼感を抱くことができることにもなる。そこで，3歳児から4歳児にかけての時期は，何よりもこうした身体的な表現を通して，自己の内面を相手に素直に表現できるようになることが大切となってくる。

2　おしゃべりを通して育つ言葉

　3歳児から4歳児にかけての時期になると，幼児の話す言葉の数が急激に増えていく。こうした言葉の急激な獲得には，幼稚園などの集団生活における友達との楽しい語らいのときが，大きな意味をもっている。1歳児，2歳児の頃には子どもたちの話し相手の多くは，親などの身近な大人であった。そうした大人とのやり取りを通して獲得してきた言葉は，「おはよう」「ありがとう」等，生活の中での基本的な会話が多く，しかも，大人は子どもに分かるように話し掛けてくれる。そのために大人とのやり取りで獲得する言葉は，どうしても生活に必要な会話や知識が中心となり，大人びたものが多くなる。しかし，3歳児になる頃に自分の力で友達と遊んで過ごすことができるようになると，大人と過ごすよりも，気の合う友達と過ごす方が楽しいと感じるようになっていく。そこでは，自分の見たことや感じたことを気軽に表現することができるし，相手のそうした表現を受け止めて共感して楽しむこともしやすい。こうした気軽な言葉と身体表現のやり取りが，複数の友達との間で展開されていくことが，楽しいおしゃべりなのである。

　こうした気の合う友達との間で交わされる会話の話題は，テレビアニメなどの登場人物のことであったり，好きな動物のことや，読んでもらった絵本の主人公のことなど様々であるが，それぞれが自分の思いを表現し伝え合っていく。ときには，大人との会話では見られないような，おどけたりふざけたりしながらの楽しい会話も展開されることがある。その中で，自分の知らなかった言葉に触れ，それを互いに取り入れて次第に自分たちが共有できるイメージの世界を築いていくようになる。こうして，友達とのかかわりを通して，これまで使ったことのない周りの世界の言葉を取り入れることにより，3歳児，4歳児の言葉は急激に増

えていくのである。
　このような気の合う友達と遊びながらおしゃべりをするという，どこにでもある姿を通して，それぞれの抱いているイメージを共有し，そのイメージを表す言葉を楽しく共有しながら，新たな言葉を獲得しているのである。気の合う友達と集団で楽しく過ごすという，幼児期の遊びの重要性がそこにあると言える。

3　言葉にできない思いを大切にする

　こうした身体的な表現の仕方と言葉の獲得には，家庭や幼稚園での言語的環境や個々のもっている成長の速さが大きく影響しており，ある年齢になれば誰もが言葉に表すことができるようになっていくとは限らない。3歳児でも言葉でうまく表現できる幼児もいれば，5歳児になっても身体表現が中心で，うまく言葉には表現できない幼児もいるというように，幼児期においては，コミュニケーション技能の獲得の仕方は一人一人異なり，その違いは大きい。
　そのために，自分の思いがなかなか相手に伝えられない幼児が，うまく伝わらないためにイライラして攻撃的な行動に出たり，その反対に伝わらないことが不安となり，友達にかかわることが少なくなったりすることなどが，この時期にはしばしばみられる。こうした幼児も，教師がその思いを受け止めて，それを周りの友達に言葉によって伝えることを聞くことにより，次第に自分でも言葉で伝えられるようになっていく。
　こうしたときに，言葉による表現を急がされると，適切な言葉を言おうとしてかえって表現できなくなることもある。それゆえに，身体で表現できることを大切にしながら，徐々に言葉を伴う表現へと変わってい

く姿を大事にしたい。

4　経験を言葉で表現することで学ぶ

　幼稚園では，幼児が活動に取り組んでいるときや，楽しい活動が終わったときに，教師がその活動内容について語ることがよくある。こうして幼児の経験していることを教師が言葉で表すことによって，幼児は自分の経験していることが，どのように言葉で表現できるのかを理解することができる。そこで，教師が，幼児と活動を共にしながら，その活動の意味や内容，一人一人の意図や発想を対話しながら言葉で表して伝えていくことが大事となる。

　言葉で表現してもらうことは，友達との協同的な活動においても経験されていく。仲間と一緒にごっこ遊びや集団的なゲームなど様々な協同的な活動を展開している場面では，友達が活動の意味や楽しさを言葉に表してくれる。それを聞きながら，まだうまく表現できない幼児も，その協同的な活動の内容や経験をどのように言葉に表現すればよいのかを理解していく。また，幼児は，自分の経験を言葉により適切に表せるようになることにより，自分の経験世界を言語的に構築したり再構築したりしていくことができるようになる。そこで，教師は，協同的な活動が十分に展開されるよう環境の構成や必要な援助を展開しながら，幼児が言葉によってどのような世界を築こうとしているのかを，対話的に理解していくことが大切となる。

5　聴くことの大切さを学ぶ

　幼稚園生活では，話を聞く場面がたくさんにある。教師の説明を聞いたり，絵本を読むのを聞いたり，遊びの中で友達の要求や考えを聞いたりする。教師は，このような様々な話を聞くという体験を積み重ねることを通して，幼児が相手が何を伝えようとしているのか，話の内容に注意して聞けるようにすることが大切である。すなわち，耳だけでなく，心を傾けて相手の話を理解しようとする姿勢をもつという意味の話を聴くことの大切さを学ぶのである。

　幼稚園生活では，教師が幼児たちに絵本を読んであげることや，その日の出来事などを話して聞かせることが日常的に行われている。特に年長になると，こうした場面で，ある幼児が自分の思いをすぐに言おうとしたときに，周りの幼児たちの真剣に聴く態度に触れて，自分だけ勝手に言ってはいけないことに気付くことがよくある。

　また，教師が幼児にその日の出来事を語ってもらい，それをみんなで聞くときもある。そのようなときに進んで自分のことを話す幼児もよくいる。こうした場面でも，教師自身が，話している幼児の話を傾聴する態度を示すことにより，次第に友達の話を集中して聴けるようになっていく。

　こうして日常的な集まりにおいて，教師や友達の話を集中して聞くという経験の積み重ねを通して，幼児は話を聴く態度を身に付け，やがては言葉による伝え合いがうまくできるようになっていく。そのためにも帰りの会などで，教師が，学級全員を集めて気持ちを込めて絵本を読んであげることや，話をしてあげること，さらに，話している幼児の言葉に集中して聞くことを大事にする必要がある。

　このように幼稚園の5歳児において，教師や友達の話を集中して真剣

に聴く態度を身に付けていくことが，小学校に入学した後も授業において教師や友達の話を集中して聴く態度として発揮されることにもなる。

第4節 人間関係の深まりに沿って協同性を育てる

1 協同性が育つ中で自発性をはぐくむ

　幼児期の教育において最も大切なことは，幼児一人一人の自発性をはぐくむことである。幼児期にはぐくまれた自発性は，生涯にわたって積極的に何かを学んだり，感動したり，さらには現状を改善していこうとする力の芽となる。このような自発性は，幼児一人だけの力で獲得できるものではなく，教師や他の幼児たち，様々な人々とのかかわりの中ではぐくまれていく。特に，友達が作った物やしていることに憧れて，自分もそのような物を作ろうとしたり，知らず知らずのうちに友達のしていることのまねをしたりしながら，自ら行動するようになる。幼児は，他者とのかかわりの中で，自発性を獲得していく。すなわち，協同性が育つ中で自発性がはぐくまれていくのである。

　例えば，幼児たちは，砂場で互いが思い思いに遊んでいる。一人の幼児が，大きな砂山をつくり，その山を固めるつもりで，シャベルの背でペタペタと音を立てて砂山をたたき始める。そのリズミカルな音に興味をもったのであろう。同じ場にいた他の幼児たちも自分で作っていた砂の山や溝をたたき始めた。それぞれのイメージをもって遊んでいるが，友達と一緒に何かに集中して取り組むという協同の気分を味わっている。

　また幼児たちが，数人で協同して一つの基地のようなものを作っている。作り上げていく過程では，自分のイメージと他の幼児のイメージが合わずに対立し，ある部分については相手の主張を受け入れたり，ある部分はどうしても自分の主張を通そうとして，互いにイメージを交換し

て遊びを進めている。友達とイメージがぶつかり合う中で，互いのイメージが分かり，自分のイメージがより確かとなり，遊びが発展する。一緒にいることで，一人では得られない何かに集中していく気分を感じたり，他の幼児と対立したり折り合ったりしながら自分も他者も生き生きするような関係性，すなわち協同性を獲得していくのである。

　他者とのかかわりの中で自発性を獲得し，この自発性を支えにして，幼児はより生き生きとして深みのある人間関係を繰り広げていく。さらに，こうした人間関係の中で，幼児の自発性はより質の高いものとしての協同性へと発展していく。

2　幼稚園生活と協同性の育ち

　幼児期前期，特に幼稚園生活を始めたばかりの3歳児，4歳児は，協同して何かをすることがまだうまくできない。むしろ，この時期の幼児たちにとっては，「同じ場所に一緒にいる」ことや「同じことをする」ことに大きな意味がある。なぜなら，場を共有することで，幼児たちは知らないうちに，他の幼児のまねをしたり，その場特有の気分や感情を共有しているからである。他の幼児の体の動きを知らず知らずのうちにまねることで，新たな感覚を体感したり，周囲のものや遊具などとの多様なかかわり方を学んでいく。また，同じ場にいて感情を共有することは，幼児一人一人の共感性を豊かなものにしていく。みんなが集まって楽しそうにしている場所に入っていくことで，この時期の幼児は，様々な感情を共有し，様々なことを体感しながら，自ら行動するようになる。人とつながる喜びや共にいることの喜びなどの協同性の芽が生まれる中で，自発性もはぐくまれていく。

そして，仲間関係ができてくるようになると，幼児は，自分の思いやこだわりを積極的に他の幼児に言葉や身体で伝えようとする。例えば，テレビのヒーローごっこをしながら，「○○は，○○することはできないんだよね」等，自分の思いやこだわりを伝えながら，遊びを深めていく。もちろん，うまく相手に伝わらなかったり，逆に相手に一方的にイメージを押し付けられて，嫌になることもあるが，それでも何とか自分の世界を相手と共有したいと思い，相手に賛同したり折り合っていくことを学んでいくのである。

　幼児期後期，特に幼稚園生活2年目や3年目となる5歳児では，幼児たちは一つの目的を共有し，それを実現しようと，協同して遊びや作業を進めていくことができるようになる。例えば，生き物が住めるような池を作ろうと決めた数人の幼児たちは，その目的を実現するために，「僕は○○をやるから，○○君は○○をやってよ」などと言葉を掛け合い，自分の役目や役割を考えて作業を進めていく。

　また，この時期の幼児は，ルールのある遊びを好むようにもなる。自分の思い通りに振る舞うのではなく，ルールに従うことでこれまでにない遊びの楽しさと興奮を味わえることを知らず知らずのうちに理解し始める。さらに，この時期の幼児は，それぞれの思いやこだわりを伝え合うだけでなく，やり取りをしながら新しいアイディアや遊びのルールを生み出し，それを互いに受け入れることもできるようになる。

　また，生活の中でも，例えば，自分の育てている植物だけでなく，他の幼児の植物にも自然に水をやるようになる等，遊びだけでなく，生活面においても，協同性が育ってくる。相手に感謝されることを自発的にするようになるのは，幼児が自分と他者とがお互いに気持ちよく過ごせる関係性を求めているからである。教師が焦らず，幼児期前期の協同性

の芽を大切にはぐくむことで，このような幼児期後期の協同性が開花する。

3 協同性を育てる視点
(1) 幼児同士の交流が自然に生まれてくる環境を構成する

　幼児期前期,特に3歳児,4歳児では,幼児の興味をひき,多くの幼児が群れることができ,また,ときにはそこで思わぬ出来事が生まれてくるように環境を構成することが大切となる。幼児同士が思わず自然に呼び合ったり,助け合ったり,自分の順番を待ったりする環境の中で,幼児は楽しさや我慢などの感情を共有し,協同性の芽をはぐくんでいく。このような環境の中で,教師はトラブルが起きることを恐れず,むしろ,この時期の幼児が思う存分自分を出し切って他の幼児にかかわっていくことを援助することが大切である。この時期に,自分を思う存分出して他の幼児に受け入れられたり,受け入れられなかったりすることをたっぷり経験することが必要である。それは,このような経験があって初めて,幼児は後に自分と他者が本当の意味で生き生きできる関係性をつくり出していくことができるからである。

(2) 少人数での活動を大切にする

　また,3歳児,4歳児の時期は,幼児は少人数で活動することが多い。それは,数人で集まりながらも一人一人が黙々と絵をかいているような場合もあれば,それぞれがこだわっているヒーローになりきってごっこ遊びをするときもある。いずれにしろ仲間と一緒に活動することで,他者の存在を意識することから自我の感覚が強められ,一人でいるときよりもむしろ自分独自の世界を追求できることが多い。あるいは,少人数の活動の中では,自分の世界が受け入れられる喜びや,はねつけられても何とか理解してもらおうとする心が育っていく。教師は,このような少人数での活動を温かく見守り,適切な援助を行う必要がある。

(3) 学級全体で活動する

　少人数での活動を大切にしながらも，教師は，学級全体で行う活動へ幼児たちを誘うことも大切である。例えば，へび鬼などの遊びを通して，幼児たちは親密なかかわりや小さなグループでは味わえない集団的な遊びの楽しさと，醍醐味を感じ取ることができる。また教師は，例えば学級の幼児たちに好きな楽器を選択させ，歌や曲に合わせて自由にリズムをとらせる等，幼児が学級全体の中での一つの役割を自然に担えるような工夫をする必要もある。

(4) こだわりを追求し，知的な広がりのある協同的な活動を行う

　幼児期後期，特に5歳児では，幼児は仲間と遊んだり作業したりすることを楽しむと同時に，こだわりをもって遊びや作業を進めていく。例えば，仲間と自動車を作って遊ぶというときでも，素材へのこだわり，あるいは「本物と同じような窓をつけたい」「本物の動きと同じような動きをさせたい」などのこだわりを強くもち，そのこだわりを何とか実現しようと，仲間と協同して試行錯誤していくことができるようになる。そのようなとき，教師はまず幼児のこだわりをよく理解した上で，幼児と対話しながら，幼児がそのこだわりを深めていけるような知的な刺激を与えることが大切である。その際，知的な刺激を一方的に与えるのではなく，幼児が教師からの刺激を受けながらも，その刺激を幼児同士で協同して生かしていけるよう援助していくことが大切である。

(5) 学び合いや話し合いを援助する

　教師は，幼児が展開する様々な遊びや活動において，幼児同士が学び合えるように援助をすることが大切となる。例えば，ある幼児のブーメ

ランの飛ばし方をよく見てみるよう促したり、互いに各自のやり方を見せ合ったりする等、学び合いが自然に起きてくるような援助が意味をもつ。さらに、遊びや活動のルールについて、また発生したトラブルについて、幼児同士の話し合いを促す援助も大切となる。話し合いを通して、新しいアイディアを思いついたり、自分の感情を静めたりしていく経験を豊かにもつことが幼児期の協同性の質を高めていく。

（6）異年齢との学び合い

　異年齢との活動も、協同性の質を高めていくために必要である。例えば、5歳児は、3歳児と共に活動しなければならない場では、自発的に3歳児を世話をしたり、また積極的に何かを見せたり、教えたりする。このような経験は、5歳児に、他者とかかわることの新たな喜びと自信をもたらす。また、3歳児にとっては、5歳児の活動や振る舞いは憧れの対象となる。ときには、3歳児が思いついたことを5歳児が遊びに取り入れていく場合もあり、5歳児が3歳児から学ぶこともある。このような異年齢との活動の経験が、その後の同年齢での協同的な活動の質を高めていくのである。

第5節　小学校教育と連携する

1　小学校教育と滑らかな接続を図る

　遊びや生活を中心とする幼稚園教育と，教科等の学習を中心とする小学校教育とでは，教育の内容や方法は明らかに異なり段差がある。子ども一人一人がその段差を乗り越えて成長し，小学校において実り多い学習活動を展開するためには，小学校教育との滑らかな接続を図ることが必要である。滑らかな接続を図るということは，必ずしも，幼稚園教育か小学校教育のどちらかの教育に合わせることにより，その間にある段差をなくすことを意味しているわけではない。各学校段階の特質を踏まえ，子どもたちがその段差を乗り越えて成長していくことができるような接続を考えることである。

　幼稚園教育要領第3章指導計画作成上の留意事項では，「幼稚園においては，幼稚園教育が，小学校以降の生活や学習の基盤の育成につながることに配慮し，幼児期にふさわしい生活を通して，創造的な思考や主体的な生活態度などの基礎を培うようにすること」と，幼稚園教育と小学校教育の連携の在り方について述べている。幼稚園で遊びを通して学んだことが先行経験となり，その教育の成果が小学校以降の生活や学習に生かされるようにしていくことを意味している。こうした教育を実現していくためには，幼児期から児童期への発達の連続性や学びの連続性を確保していくことが重要である。そのための具体的な取組を考えてみる。

2 発達の連続性を確保する
(1) 子どもの発達や教育を長い目でとらえる

　幼稚園では、3年保育であれば3歳児から小学校就学の始期までの3年間、小学校では6年間の子どもの発達をとらえ、それぞれに発達に即した教育が行われている。

　発達の連続性を確保するためには、幼稚園や小学校の教師が共に幼児期から児童期への発達の流れを理解することが必要であり、そのためには、幼稚園の教師は児童期の発達について、小学校の教師は幼児期の発達についての理解をより深めることが大切である。すなわち、幼稚園の教師も小学校の教師も共に、子どもの発達を長い目でとらえる努力が必要なのである。

　このため、保育や授業を参観する、幼児と児童の交流活動を行う、事例を持ち寄り話し合う等、様々な切り口から、子どもの発達について見方を交流させ、幼児期から児童期への発達の流れを共有することが大切である。

　このことは、教育の内容や方法を考える際も同様である。幼稚園の教師は、小学校の授業や生活を見通した上で、幼児期に育てておくべきことを考えることが大切であり、小学校の教師は、幼稚園や保育所で経験したことをいかに生かしていくかを考えることが大切である。

(2) 一人一人の子どもの発達に即して指導の継続性を図る

　幼児が幼稚園を修了し小学校に入学する際には、幼稚園幼児指導要録抄本を小学校に送付する。また、地域によっては、幼稚園の5歳児担任と小学校の1年担任の連絡会を行うところもある。このように幼稚園から小学校へ、一人一人の子どもの発達を踏まえ、指導の継続性を図るた

めに，いくつかの取組がなされているが，現在，必ずしも十分な成果を上げているとは言いがたいという指摘もある。幼稚園と小学校双方の関係者が，子ども一人一人について発達の理解をもっと深め，指導の継続性を図る必要がある。

　また，小学校は，地域のいくつかの幼稚園や保育所から入学するという実情を踏まえて，最近，地域の幼稚園と保育所，小学校全体で連絡会や交流の機会をもつところがみられてきた。これらの取組は，子ども一人一人の発達に即して指導の継続性を確保していくために必要なことであると同時に，こうした取組を重ねることを通して，教師と保育士が互いの教育について更に理解を深めることが期待できる。

3　学び方のつながりを図る
(1) 学習の芽生えを培う

　幼稚園教育と小学校教育とでは，教育内容や方法について大きな違いがある。一方，5歳児が幼稚園の生活や遊びを通して学んでいることと，1年生が教科等の学習で学んでいることには，関連しているものもある。例えば，1年生の生活科では，自然とのかかわりや身近な人々とのかかわりに関するねらいがあり，植物の栽培や地域の人々との交流などの活動を行っている。これらのねらいは，幼稚園の5歳児でも経験させたい内容として多くの幼稚園の指導計画に盛り込まれている。

　5歳児で経験しているから1年生ではやらないとか，1年生でやるから5歳児では取り上げないということではない。互いにどのような形で展開しているのかを理解し，幼稚園での経験を生かすとしたら小学校ではどのような学習の展開があるのか，また1年生で学習するならその前

段階ではどのような経験が学習の芽生えとして必要か等，教育内容の関連から，教育内容の精選や指導方法の工夫をすることにより，子どもの学びはより深まっていく。

(2) 学び方を考える

　少子化や核家族化，情報化などの進展する中で，家庭や地域社会での幼児の生活経験は限られたものとなっている。したがって，幼稚園教育では，幼稚園内の環境だけでなく，地域の人々や自然との出会いを通してより豊かな経験をすることを重視している。また，共通の目的に向かって友達と考えを出し合いながら一緒に取り組む協同的な活動も積極的に取り入れている。

　また，小学校教育においても生活科及び総合的な学習の時間の導入により，身近な地域社会を素材にして自分たちで課題を見つけて探究していく体験的な学びを行う機会が増えている。教科学習でも教師が一方向的に教えるだけではなく，自分で調べる，友達と一緒に相談しながら取り組むなどの主体的な学び方を展開している。

　幼稚園や小学校という限られた空間の中だけで学ぶのではなく，身近な外の世界とかかわる中で学びを深めること，自ら課題を見つけて取り組むこと，友達と協同で学びを展開することなどについては，これからの幼稚園においても小学校においても，同様に重視すべき学び方である。

4　教師の合同研修の交流から相互理解を深める

　小学校との連携を深めるためには，幼稚園と小学校の教師同士の相互理解が不可欠である。そのためには実際に相手の小学校や幼稚園に行き，

幼児の生活や児童の学習の様子などに直接的に触れることが大切である。距離が近いならば，休み時間や放課後などに出掛けてみるのもいいだろうし，互いの研究会や研修会に積極的に参加することもできる。「A児は，幼稚園の頃，おとなしかったんです」「B児は，最近，泳げるようになって楽しそうに学校生活を送っています」「C児は，授業中によく手を上げるんです」等，具体的なエピソードを例に，子どもの発達や学習の状況について話し合うことが，連携を深め，小学校との段差を埋めることにつながっていくことになる。

5　幼児・児童の活動の交流から連携を深める

　幼児・児童の交流活動を推進するには，相互のねらいや方法などを踏まえ，継続的に取り組むようにすることが大切である。活動内容については初めから特別な活動を設定する必要はなく，それぞれの行事や小学校の生活科等，日頃よく行われている活動を中心にした方が取り組みやすい。

　例えば，幼稚園では春になると花や野菜を植えたり，園外保育に出掛け，自然に親しんだりする。また，小学校でも，生活科の時間に，花や野菜を植えたり公園に出掛けたりする活動はよく行われている。これらのことを一緒に行い，一緒に汗を流したり公園で鬼ごっこやザリガニ捕りをして遊んだりすることも交流活動である。秋には一緒に植えたサツマイモの収穫をし，それを食べたり，屋台やお店を共同で出すお祭りをしたりすることもできる。行事としての発表会やもちつきも一緒にできるだろう。一緒に過ごす時間や場を設定し，直接的に触れ合うことが，幼児，児童の学びを広げたり深めたりすることになる。大切なことは，

そのときだけで終わることのない，継続的で無理のない計画を立て，実践に移していくことである。

それは，「教える」「招待する」「訪問する」という関係ではなく，「一緒に遊ぶ」「一緒に生活する」「一緒に学ぶ」という関係をつくることが大切であるということである。

実際に触れ合い経験することで，幼児にとっては自分の近い未来を見通すことになり，児童にとってはかつての自分自身を振り返る場となる。幼児，児童が，このような活動を繰り返し，互いにかかわることを通して，自分の成長を見つめたりすることができるようになる。

次第に交流が深まってくれば，さらに，各幼稚園や小学校，地域の実態や特色に応じた取組をすることが可能となる。いずれにせよ，すぐにできることから始め，次第に様々な活動へ発展させていくことがよい。

また，核家族化や少子化などが進行する中で，人とかかわる力を培うことの大切さが一層求められる今日では，幼稚園と小学校の交流活動は，異年齢とのかかわりを通して，豊かな心をはぐくむものとしての意味もある。

幼稚園と小学校との距離などの物理的な条件が整わない，同一地域にあっても日頃全く交流がないなどの様々な障害があり，交流活動を実施したくてもできない幼稚園や小学校も少なくない。どの地域においても同じような交流ができるわけではない。公開授業や保育を実施したり，合同研修を開催したり等，できるところから始め，交流する接点をつくることが大切である。

第6節　家庭と連携する

1　家庭と共に子育てをする

　幼児期の教育は，大きくは家庭と幼稚園で行われ，両者が連携し，連動することで幼児一人一人の発達を促していくと言える。すなわち，幼児の生活は，家庭や地域社会，そして幼稚園と連続的に営まれていく。幼児の家庭や地域社会での生活体験が，幼稚園で他の幼児や教師とかかわり合う幼稚園生活を通して，より豊かになり，幼稚園生活で培ったものが家庭や地域社会に生かされることで，幼児期の望ましい発達が促されていくのである。

　しかし，現在では，少子化や核家族化，都市化，情報化といった急激な社会の変化を受けて，人々の価値観や生活様式が多様化し，その結果，人間関係の希薄化，地域社会のコミュニティー意識の衰退，大人優先の社会風潮などをもたらし，家庭や地域における子育て環境を変化させている。特に家庭においては，子育てに関する情報が氾濫する中で本当に必要な情報が得られなかったり，また必要な支援が得られず孤立化するなどの状況がみられる。

　こうした家庭における子育て力の低下の状況を踏まえると，幼児の健やかな成長を確保していくためには，これまで以上に家庭との連携を深めることが求められ，教師一人一人が，家庭と共に子育てをしていくという視点を明確にする必要がある。

2　幼児期の発達や教育を理解してもらう

　幼稚園生活では，多数の同年代の幼児とかかわり，気持ちを伝え合い，ときには協力して活動に取り組む等，教師や友達と支え合って生活する楽しさを味わうことを通して，主体的な生活態度や社会的な態度を身に付けていく。友達とぶつかり合う体験では，友達と一緒に気持ちよく生活をするためには守らなくてはいけないきまりや約束があることを学ぶ。すなわち，教師や友達と共にする生活の中で，自立と協同への基礎が培われていくのである。

　幼児が成長し自立する過程においては，当然，友達との間にいざこざが起こり，葛藤などの負の体験も味わうことになる。むしろ，こうした負の体験を通して，幼児は，自分を主張することと我慢することとの調整を身に付けていくので，大事にしたい指導場面である。

　しかし，保護者の中には，幼児同士のいざこざの意味を十分に受け止められず，幼稚園生活や教師に対して思わぬ不信感をもってしまうこともある。こうした誤解を生まないためにも，日頃より幼児期の教育への理解を深め，幼稚園に対する信頼感をもってもらうことが重要になる。幼稚園と保護者が，具体的な幼児の姿から発達や生活の状況について話し合い，その成長を共に喜び合えるような関係を取り結んでいくことが重要である。

　そのためには，機会をとらえて，幼児の遊びの状況やがんばっていること等，具体的な幼児の姿について，保護者に伝える必要がある。一見，たわいもない幼児の行動を取り上げて，幼児が経験していることや学んでいること，さらにはそのことが小学校以降の生活や学習の芽生えにつながっていることなどを伝えながら，幼児期の発達や教育への理解を得ることにより，幼児の成長を共に喜び合える関係ができていく。

また，我が子へのかかわり方や自分の子育てについて悩みや不安を感じている保護者も少なくない。このような保護者に対して，その思いを十分に受け止めながら，保護者自身が自分の子育てを振り返るきっかけをつくったり，子育てについて学ぶ場面をつくったりして，保護者自身の子育て力を向上させる支援も大切である。

　さらに，幼稚園修了の時期になる就学直前の時期には，我が子の小学校生活や学習に不安を感じている保護者も少なくない。幼児の成長や小学校での受け入れ体制などを伝えながら，保護者が安心して我が子を小学校に送り出すようにしていく必要がある。

3　小学校入学期の保護者の期待や不安にこたえる

　幼稚園教育において，幼児の望ましい発達を促し，幼児の中に小学校以降の学習の芽生えがはぐくまれていくためには，保護者が我が子の成長に喜びを感じ，入学への期待をもてるようにしていくことが重要である。こうしたことが，我が子を安心して小学校へ送り出していくことにつながると考えられる。

　また，小学校就学を機会に，子どもたちは，幼稚園での遊びを通した総合的な指導の下での活動から，教科等を中心とした学習や時間割で区切られた学習をすることになる。また，小学校では，今までとは異なる友達との出会いがあり，更に友達関係が広がりをもつようになる。教師のかかわり方も幼稚園とは異なり，生活に必要な事項は，言葉によって伝えられることも多くなり，子どもが自分で判断して行動することが求められる場面が多くなってくる。

　子どもが，こうした生活や学習の変化を乗り越えて，小学校生活に慣

れ適応していくためには，家庭との連携が重要な役割を果たす。このため，小学校入学前に，小学校では生活や学習がどのように行われているのか，また入学する際，家庭生活で配慮することは何かなどについての情報を保護者にあらかじめ適切に提供する必要がある。その際，小学校の教師から直接に保護者に話してもらうことも有効である。幼稚園の教師と保護者との信頼関係の輪の中に，小学校の教師が参画することで，保護者の我が子の小学校入学に対する不安も軽減されていく。

　さらに，小学校では様々な幼稚園や保育所から入学してきた友達と出会うが，子どもによっては，こうした新しい環境になかなかなじめなかったり，ちょっとしたトラブルがあったりすると，登校を嫌がることもある。小学校担任が保護者と相談をして速やかに対応できる体制づくりも大切である。特に，保護者との連絡や連携が，幼稚園では日常的に行われるのに対し，小学校は必ずしもそのような体制ではないために，悩みや疑問を抱えた保護者が戸惑うことがあるかもしれない。それゆえ保護者の期待や不安に沿ってきめ細かく応じていきたいものである。

　いずれにせよ，小学校入学の時期に，小学校の教師と保護者との信頼関係をしっかりつくっていくことが，その後の子どもの小学校生活が充実したものになっていく上で極めて重要であることを忘れてはならないだろう。

第3章

実践事例

　第3章では，幼児期から児童期への発達の流れを幼稚園生活に沿って大きく三つの時期に分け，それぞれの発達の時期の特徴をとらえた19の実践事例を取り上げている。第1期の初めての集団生活の中で様々な環境と出会う時期では6事例，第2期の遊びが充実し自己を発揮する時期では7事例，第3期の人間関係が深まり学び合いが可能となる時期では5事例である。最後に，小学校入学後の学習の様子を知るために小学校1年生生活科実践事例1事例を取り上げている。これらの幼稚園の実践事例は，できるだけどの幼稚園でも行われているような活動を取り上げているが，必ずしも同じように活動を展開するわけではない。各幼稚園において幼児期から児童期への発達に即した教育を考える際，これらの実践事例に示す，幼児理解，環境の構成や教材，教師の援助などを手掛かりとして，各幼稚園の実態に即した特色ある教育活動の展開を期待するものである。

　なお，この三つの時期は，あくまでも自我や人間関係の発達の流れに沿って大きなまとまりを示すものであり，時期を特定するものでないことに留意したい。

第1節　初めての集団生活の中で
　　　　　様々な環境と出会う時期

1　自分のよりどころを見つける

　幼児にとって幼稚園入園は，大きな環境の変化である。家族と暮らす家庭から離れて，1日数時間ではあるが初めて同年代の幼児との集団生活を送ることになる。新たに始まる幼稚園生活に対して幼児の不安や戸惑いは大きい。幼稚園を楽しみにし喜んで登園する幼児の姿も見られるが，遊びが一段落してふと保護者のいないことに気付き，泣き出してしまう姿もある。入園前に保育所や他の幼児教育施設に通い集団生活に慣れていて活発に遊んでいる幼児でさえも，新たな環境の中で戸惑うことがある。

　いずれにしても，この時期には，幼児一人一人が，幼稚園生活に対する不安や戸惑いを抱えながら，自立に向かい一歩踏み出すことになる。そのためには，まず，教師が幼児一人一人としっかりした信頼関係を結ぶことが大切であり，幼児が，その信頼関係をよりどころにして行動し，幼稚園の環境の中で，自分の好きな遊びを見つけることが重要である。

2　友達の存在を知る

　幼児が，幼稚園生活に安定していく過程において，人的環境としての教師の存在や他の幼児とのかかわりは重要であり，良好な人間関係をいかにつくっていくかが，教師の役割として重要である。

　幼稚園生活において，幼児は，いろいろな人やものと出会い，心が揺

さぶられる様々な体験をする。それは，新しい発見であったり感動であったり，ときにはトラブルからの悲しみや悔しさであったりする。教師には，幼児一人一人が人やものと出会う中で経験していることを感じ取り，共感することが求められる。幼児は，教師に見守られ受け止められているという安心感から，自ら取り巻く環境に働き掛けが始まり，自分の思いを表出しながら遊ぶことができるようになっていく。心のよりどころとしての教師の存在は大きい。

　幼児は，幼稚園生活に安定すると，次第に自分から動き出し，友達のしている遊びに関心をもつようになる。また，幼児は，その遊びの仲間に入ることで新たな経験をすることになる。しかし，ときとして友達は，自分の思い通りにならない存在として立ちはだかることもある。例えば，友達が使っているものを自分も使いたくなり，断らずに使っているといざこざが起こる。自分が後から使ったにもかかわらず取り返されると，本人は「取られた」と思ってしまう。こうした場合に教師は，幼児の思いを受け止めつつも，友達も使いたいと思っていることや，友達が先に使っていたことなどを知らせていく必要がある。

　特に，近年，少子化や核家族化が進行する中，幼稚園に入園するまでの家庭や地域での生活の中で，幼児は，同年代の幼児と遊ぶ機会が少なく，家庭で一人で遊んだり，大人とだけかかわっていることが多い。したがって，幼稚園に入園して初めて他の幼児とのいざこざや葛藤（かっとう）に直面し，戸惑うことになるが，こうした体験を通して，その幼児なりに友達の存在やその思いを意識するようになるのである。そのためにも幼児が，自分の思いを表現しつつ，友達と一緒に暮らしていることを理解できるような教師のかかわりが大切なのである。

　また，この時期は，教師や友達と群れて遊ぶことが楽しいという生活

を十分に経験することで,教師との信頼関係や幼児同士の関係を一層深めていくことができる。

3　ものと出会う

　幼児は,これまでに見たり触れたりしたことのないものと出会うと,興味をもってかかわる。そのかかわりは,同じことを繰り返すなど,大人から見ると一見たわいもない動きをすることもあるが,幼児は,試したり確かめたりして,それがどのようなものであるかを探り当てていく。ものとの出会いを通して,幼児は,発見したり考えたりイメージをふくらましたりして,様々なことを学び,自らの世界を広げていくのである。

　したがって,教師は,幼児が幼稚園生活でどのようなものと出会い,どのようなかかわりをするかを十分に考慮し,遊びの場や時間を確保したり,遊具や用具などの教材を工夫したりする必要がある。

特にこの時期の幼児は,例えば,空き箱一つ,木の葉一つを取っても,いろいろに見立てて遊ぶ。遊具らしくない物が幼児の興味の対象となり,繰り返し遊ぶこともある。また,現実と空想の世界を自由に行ったり来たりする。この時期だからこそできることである。大人のとらえているものの特性にはこだわらない幼児の自由な発想や見立ては,想像力を培い,さらに,幼児の遊びをつくり出す力をはぐくむことにつながっていく。したがって,教材として遊具を選択する際には,既製の遊具だけを対象とするのではなく,幼児のもつ可能性を引き出すという視点をもって,身近にある様々なものの中から教材を見つけていくことも大切である。

4　思い切り体を動かす

　幼児は,本来,戸外で遊ぶことが好きである。園庭の固定遊具で,あるいは自然の中で,体を動かして遊ぶことは,幼児の心を開放させていく。また,幼児は,例えば,滑り台の階段を最初は不安げに登っていたのにいつの間にか上手に登れるようになる等,体を動かすことを繰り返すことで,しなやかな動きを獲得する。このことは,運動能力の獲得でもあるが,同時に,自ら行動して何かを獲得することの喜びを体感することであり,幼児の自立心をはぐくむことにつながる。
　また,この時期は,身体が著しく発育し,運動機能が急速に発達する時期である。このため,自分でできることが増大し,活動性が高まっていく。しかし,最近入園してくる幼児の中には,入園前の生活において運動経験が乏しく,なかなか戸外に出ようとしない幼児や,園庭にある固定遊具の魅力にひかれて思わず遊び出したものの体の動きがぎこちな

く危険な動き方をする幼児などがいる。こうした現状を踏まえ，幼稚園においては，これまで以上に，園庭の環境や教師の援助の在り方について検討し，幼児が，体を動かす心地よさの経験をすることが求められる。

5　おしゃべりを楽しむ

　幼稚園生活が楽しいと感じられるようになると，幼児は自然に気持ちや思いを話し出すようになる。最初は，教師を相手にしておしゃべりを楽しんでいるが，次第に幼児同士の会話が始まる。しかし，これらの幼児同士の会話を聞いていると，互いに思いや考えを伝え合うというよりは，自分の思いを言葉にすることを楽しんでいることが多く，少し内容にずれがある。

　ときには，一緒に遊んでいる友達が自分が言ったとおりに動かなかったり，自分と違うことを主張していることに気付いたりして，言葉で伝えることの難しさやもどかしさを体験することになる。しかし，こうした体験を通して，幼児は，自分の思いを話し，相手の話を理解しようとして聞く，さらに，自分の思いを相手に伝えようとするなど，人と伝え合いをすることの大切さを学んでいく。もちろん，こうした過程においては，互いの思いを言葉にして仲介する教師の適切なかかわりが不可欠である。

──ありのままの自分を出し安定していく──
満3歳児，3歳児

　幼稚園入園は，多くの幼児にとっては，家庭から離れて初めての集団生活である。今まで保護者に依存し安定して過ごしてきた生活とは異なり，幼稚園生活には，どんな人がいるのか，何がどこにあるのか分からないので，幼児にとって不安や戸惑いが大きい。幼児一人一人が，新たに始まる幼稚園生活において安定感が得られるようになるためには，幼児の心の動きに寄り添った教師のかかわりが重要である。

　事例1は，家庭から離れて初めての集団生活の中で頼る人を求める満3歳児を，事例2は，これまでの家庭生活での姿をそのまま出し，教師との一対一の関係を求める3歳児の姿をとらえている。いずれも，ありのままの自分を出しながら幼稚園生活を始める幼児の姿であり，それを支える教師のかかわりをとらえている。

事例1　先生と一緒に食べたい（満3歳児　5月）

　満3歳児のK児は，5月に3歳児の学級に入園した。初日，K児は幼稚園に来るのがうれしい様子で，母親からすぐに離れて遊び出す。しかし，しばらくして，母親と毎日遊んでいた隣の公園を見て「公園に行きたい」と泣き出す。入園してみて，幼稚園生活が，これまでの母親との家庭生活とは異なることに気付いたようだ。

　担任は，保育室にある遊具を手にしてK児に差し出し，K児が安心感をもつように働き掛けたが，泣きやまない。近くにいた主任がK児に，

「どうしたの？」と声を掛けると，K児は抱きついてきた。主任は，K児を抱きながら幼稚園内をしばらく歩くことにした。この日は，他の3歳児の降園よりは早めに，保護者に迎えに来てもらう。

二日目になると，K児は保育室の人形に興味を示し，しばらく抱きかかえている。担任が，砂場に誘うと，少し一緒に遊ぶ。しかし，他の幼児がその担任に話し掛けてくると，担任をとられそうに思ったのか，またすぐに泣き出してしまう。担任は，さっきまでK児が抱きかかえていた人形を持ってくる。しばらくは，K児はその人形を抱き落ち着いていたが，次第に不安そうな顔をして動かなくなってしまった。

主任がK児のそばに行くと，K児が抱きついてくる。主任は保育室の隅の静かな場でK児を膝に乗せ，しばらく二人きりで話す。給食の時間となる。「今日のご飯は何かな。見てこようかな」と主任が言うと，K児は「一緒に行く」と膝から降りてついてくる。手をつないで給食室の中を見ていると，K児が主任に「先生と一緒に食べたい」と言うので，それに応じることにした。

K児は，あまり箸は進まなかったが，K児から主任には話をするようになる。食後，K児は，担任からもらった人形を離さないでいた。「明日，（人形と）一緒に幼稚園に来てね」と主任が言うと，満足した表情でK児は帰った。

その後，少しずつ主任と一緒に3歳児の学級で過ごし，次第に，担任や他の幼児との生活に慣れてきた。

事例2　やってほしい，見てほしい（3歳児4月，3歳児5月）

＜脱ぐー！脱ぐー！＞（3歳児4月）
　入園して2週間がたつ。自分のかばんや帽子は次第に自分の場所に始

末するようになるが，園服は着たまま遊び出す幼児が多い。教師が個々に園服を脱ぐように声を掛けるが，なるべく自分のことは自分でするよう援助する。

　ある日，園服を着たままでいたA児は暑くて脱ぎたいが，一人ではできないでいた。教師に向かって「脱ぐー！脱ぐー！」と叫んでいる。おそらく，家庭では母親にそう言ってやってもらっていたのだろう。教師は，「そうね，暑いね。脱ぎたいね。先生，お手伝いするよ」と言いながら，自分でやることを促す。なかなか袖が抜けないでいたが，どうにか脱ぐことができた。A児は，にっこり笑う。教師に預け，そのまま，また遊び出してしまいそうなので，「Aちゃんの洋服は，Aちゃんのロッカーに置いてこようね」と言うと，素直に置きに行く。

＜先生，私のお弁当見せてあげる＞（3歳児5月）

　初めてお弁当を持ってきた日のことである。B児は，にこにこして「重い。重い」と言いながら登園してきた。かばんに入ったお弁当の重さを感じ，またそのことがうれしいようだ。C児は，ロッカーにかばんを置いたがお弁当が目に入り，ついお弁当を開き，おかずをつまんでしまった。D児は，「先生，私のお弁当見せてあげようか」と，お弁当を保育室で広げようとしている。教師は，お弁当を楽しみに待つ幼児の気持ちも受け止めつつ，「おいしそうだね。大事なお弁当だから，お弁当の時間までしまっておこうね」と言いながら，C児とD児と一緒に，それぞれのお弁当をかばんにしまおうとする。すると，「私も見せてあげる」「僕も」と，幼児たちが，お弁当を持って次々に集まってくる。一度しまったはずのD児もその様子を見て，「私も卵焼き入ってるよ」と，またかばんからお弁当を出し始めた。中には，お弁当を開いたとたんに，おかず

を口に入れている幼児がいる。「あっ，食べているよ」と，周りの幼児が騒いでいるが，食べている幼児は，あわてる様子もない。まだ幼稚園生活の流れを理解していないため，お弁当の時間まで待つことを知らない。

　教師は，「おいしそうね」「お母さん上手だね」等，幼児一人一人に話し掛け，「お弁当の時間まで，しまっておこうね」と，手を添えながら応じている。

　ようやく，お弁当の時間になった。おやつのときは，みんなの準備を待ち，みんなであいさつしてから食べていたのに，お弁当のときは，かばんからお弁当を出して机の上に置くとすぐに食べ始めようとする幼児が何人かいる。教師は，「待っててね」「みんなでいただきますしようね」と声を掛けながら，準備ができない幼児を手伝う。そういう中でE児は，ひもで結んだ袋に入ったお弁当箱がなかなか出せず，結び目をかんだり引っ張ったりして無理やり開けようとしている。今にも泣きだしそうである。教師が，あわてて「Eちゃん，待っててね。先生がほどいてあげるからね」と声を掛けると，E児は，ほっとした表情で，教師のところにお弁当の袋を持ってきた。全てを自分でやらなければならないと思っていたらしく，焦りを感じていたようだ。

○教師が幼児の心のよりどころとなる

　幼児が安定感を得るということは，単に泣かないということではない。幼稚園で安心して過ごすことができ，大まかな幼稚園生活の流れが分かり，その幼児のありのままの姿が出せることである。そのためには，教師が，幼児一人一人の要求や欲求に応じて，心のよりどころとなることが重要である。特に，入園日が異なる満3歳児の場合，幼児一人一人が安心感を得るためには，「幼稚園には，自分のことをしっかりと受け止め

てくれる人がいる。困ったときにはいつでも助けてくれる」ということを実感するまでじっくりと付き合うことが，その後の安定の基礎となる。その際，いつも担任が対応できるとは限らないので，担任だけでなく，幼稚園全体の教職員で協力体制をつくり，一人一人の心にきめ細かく応じることができるようにする必要がある。

　事例1は，幼稚園において，母親に代わる心のよりどころを求める幼児の姿をとらえている。おそらく，K児は，幼稚園に入園してから初めて母親と離れることに気付いたのだろう。もちろん，自分には担任がいることや，学級の一員であることなどをまだ意識していない。事例1で注目することは，これらのことを教師が言葉で知らせるのではなく，幼児のありのままの気持ちを受け止めつつ，K児をしっかりと抱きかかえていることである。また，主任の「明日，（人形と）一緒に来てね」という言葉には，人形をよりどころとしているK児の思いを受け止め，「人形と一緒に来る」という楽しみをもって登園できるようにと願う，教師のきめ細かな配慮を読み取ることができる。

　事例2＜先生，私のお弁当見せてあげる＞では，幼児一人一人が，お弁当の楽しみを教師に伝え，教師は，その気持ちを受け止めている。集団生活の中では，確かに一人の教師が幼児一人一人の要求に応じていくことは難しく限りがある。しかし，教師が温かなまなざしを送りながら一人一人と接する姿は，周りの幼児たちにも，いつも教師に見守られているという安心感を与えていく。こうした幼児とのかかわりに配慮し，幼児一人一人の心の動きに応じていくことが，教師が心のよりどころとなることにつながっていく。

○家庭生活の延長上に幼稚園生活が始まる

　それぞれの家庭には，それぞれのやり方や過ごし方，あるいは保護者とのやり取りがあるので，家庭生活での経験は幼児一人一人異なっている。幼児にとっては，これまでの家庭生活の延長上に幼稚園生活があるので，特に入園当初は，幼児一人一人のこれまでの家庭生活や生活経験に配慮した，きめ細かな対応が必要である。

　事例2＜脱ぐー！脱ぐー！＞のＡ児の姿には，これまでの家庭での母親とのかかわりが見て取れる。おそらく困ったときは，すべて母親がやってくれていたのであろう。3歳児は，自分が大きくなったということを感じる大切な時期である。特に4，5月はそれぞれの生活の仕方や自立の過程が様々である。教師は，一人一人の生活の背景や状況をとらえて，その幼児がやる気になるように，一人一人に応じた援助をすることが大切である。

　同時に，こうしたかかわりを保護者にも伝えながら，保護者と共に子どもが自立していく姿を確認し，共に喜び合う関係を築いていきたいものである。

── 自分の思いを言葉に表す
　　　　　　　　　　　　　　　　　3歳児，4歳児

　幼児は，親しみをもった相手や，安心できる場や雰囲気の中で，自分なりの方法で思いを表し，次第に自分の気持ちを言葉に表すようになる。特に，幼稚園という集団生活では，教師や友達からの刺激を受けて，語彙が増え，いろいろな表現の仕方を身に付けていく。また，幼児同士の関係が深まっていくと，自分の思いを相手に分かってもらおうとするようになり，幼児にとって自分の思いを言葉に表すことが一層楽しく，また必要になってくる。相手の話す言葉に耳を傾け，自分の思いを言葉に表すということは，人間関係をつくる上で不可欠であり，幼児期の教育で大事に育てたいことである。

　しかし，一方で幼児は，まだ自分の思いをうまく言葉に表現できない。また，表現の仕方も未熟であり，相手にうまく伝わらないこともある。このため，まず，教師のかかわりとして求められることは，幼児一人一人の体験から生まれてくるその幼児なりの表現を受け止め，人とのかかわりの中で自分の思いを言葉に表す喜びを十分味わわせていくことである。

　次に示す事例3は，それぞれに自分の思いを話す幼児たちの姿とその言葉を受け止める教師のかかわりをとらえている。事例4は，なかなか自分の思いを言葉にできない幼児が，教師とのかかわりの中で変容する姿をとらえている。

事例3　私は，僕は（3歳児　4月）

　入園して2週間。幼稚園生活に安定していく姿は一人一人異なるが，教師が絵本を読み聞かせるひとときはみんな大好きで，そのときには喜んで教師の前に集まってくる。これは，タヌキが友達の様々な色の風船を取ってしまう絵本を，幼児たちが興味深く見ていたときのことである。

　タヌキがみんなの風船を集めてしまった場面になると，一人の幼児が「僕，赤が好き」と立ち上がって言う。すると，幼児たちは，「私は黄色がほしい」「私が黄色」「僕，青がいいな」「レッドのシャツ，持ってるよ」「○○レッドって，一番強いんだよ」と思い付いたことを次々に言い出し，絵本どころではなくなってしまった。教師は，幼児たちが思い思いに話す雰囲気が楽しそうだったので，しばらくの間，絵本を読むことをやめて，幼児たちのおしゃべりに付き合うことにした。

　幼児たちが一通り自分の思いを言った後に，教師が「さあ，タヌキさん，どうしたかな」と，再び絵本を取り出すと，いつの間にか，また絵本の世界に戻り，幼児たちは再び絵本に集中して見始めた。

事例4　ウサちゃん，赤ちゃん，生まれる（4歳児　5月～11月）

　入園当初，母親から離れるのを嫌がったA児は，次第に教師の隣にいることで安定し，教師だけには小声だが自分から話し掛けたり，表情や視線で自分の思いを伝えたりするようになってきた。

＜先生，ウサギさん，つらいの？＞（5月）
　ある日，A児は毎朝教師と世話をしているウサギを見て，「先生，ウサギさん，つらいの？」と小声で尋ねる。教師が「そうなのよ。つらいの

よ。よく分かったね。お腹に赤ちゃんがいて，お腹が重いのよ。でも，お母さんがんばってるね。赤ちゃんが生まれること，みんなにも教えてあげようか」と言うと，Ａ児はうれしそうにうなずく。保育室に戻ったＡ児は，教師の援助を受けながら「ウサちゃん，赤ちゃん，生まれる」とつぶやくように言う。それを聞いたＢ児たちが手をたたいて喜ぶのを見て，Ａ児もほほ笑む。

　幼児たちはウサギの様子を見に行き，ウサギの話に夢中となる。「ウサギの赤ちゃん，早く見たいね」「小さいのかな」「ウサギの赤ちゃんは，お母さんのおっぱい飲むんだよ」「知ってるよ。大きくなったら，ニンジンやキャベツも食べるんだよね」「ウサギちゃん，白いのや黒いのがいるよね」「幼稚園のウサギは何色だろうね」と，幼児たちは，口々にウサギについて話し出す。教師は，幼児同士の会話が広がっていたので，うなずいたり共感したりしながら，できるだけ幼児一人一人の話の聞き手になってその場にいることにした。

＜わくわくニュースの時間です＞（11月）
　降園前の帰りの時間，教師が，「今日，わくわくすることを発見しました。庭でＡちゃんがコオロギを見つけました。Ａちゃん，みんなに見せてね」と，幼児たちに話す。Ａ児はうれしそうにカゴに入ったコオロギを持ってきてみんなに見せ，どこで見つけたかを話し始める。その話を熱心に聞いていたＦ児は，空き箱に入っているコオロギをロッカーから持ってきて，「大きいね，Ａちゃんのは。僕が見つけたのはこれだよ」と言う。Ａ児は，友達が自分の話に関心をもって聞いてくれていることに気付き，自信を得たようだ。そして，コオロギの動きが素早くなかなか捕まえられなかったことを話し始める。

> A児が，このような改まった場で話すことができたのは初めてである。これを契機にして，A児が，他の幼児と話す姿が少しずつみられてきた。

○幼児の話したい気持ちを受け止める

　事例3では，とにかく自分の思いを話したい幼児の姿をとらえている。幼児たちは，一見，自分の思いや感じたこと，知っていることを，周囲に関係なく勝手に話しているように見える。しかし，「僕，赤が好き」という友達の言葉を聞いて「私は黄色がほしい」と言い，その言葉を聞いて「私が黄色」と言い，さらに，「レッド」という言葉を聞いて，「○○レッドって，一番強いんだよ」と，話題が広がっていく。幼児は，教師や友達の話の中で関心をもった言葉から自分が思ったことを話している。おそらく，幼児なりには，教師や友達と会話をしているつもりなのだろう。

　こうした会話を通して，幼児は，自分の思いを言葉に表すことを楽しみ，友達に関心をもつようになる。ここでは，幼児たちの会話をゆったりとした気持ちをもって受け止めている教師の存在が大きい。

　幼児にとって自分の思いを言葉にして表現することは楽しい。また，その言葉が相手に受け止めてもらえることで，人とつながる喜びを感じることができる。

　そのためには，幼児の素朴な表現をそのまま受け止め，応じていく教師の存在が何よりも重要である。幼児の気持ちを受け止める教師のまなざしや表情，醸し出す雰囲気，言葉などに支えられて，幼児は，自分の思いを安心して言葉に表すようになる。特に，事例4のA児のように，周りの人の反応が気になり思うように話せない幼児には，その心の動きに寄り添う教師のきめ細かなかかわりが大切である。

○言葉のやり取りを通して，思いが通じる喜びを味わう

　事例4では，自分の思いをなかなか話せないA児が，心の揺さぶられた体験を教師に話し，それをしっかり受け止めてもらうことから自信をもち，学級の中で人間関係ができていく姿をとらえている。A児の「先生，ウサギさん，つらいの？」という小声での話し掛けに対して，教師が「そうなのよ。つらいのよ。・・・（略）」としっかり応じることは，A児に，人と思いが通じ合い，つながる喜びを感じさせたに違いない。

　また，A児の話をきっかけに，幼児同士がそれぞれの体験から生まれてくる言葉のやり取りを楽しんでいる。幼児は，こうしたおしゃべりを通して，「私と同じ」「僕と違う」等，一つの状況に様々な受け止め方があることを知り，自分と異なる思いをもつ友達に関心をもつようになる。幼児にとっておしゃべりは，情報交換であり，人間関係を学ぶ場でもある。

　その後A児は，友達に誘われて虫探しをし，やっとのことで初めてコオロギを捕まえ，とてもうれしそうな表情を見せていた。これはまさしく心揺さぶられる体験である。教師は，自分から話すことの少ないA児が，この体験を教師や友達に話すことで，自信をもつことを期待した。言葉を育てるということは，単に話す機会をつくることだけではない。幼児は，幼稚園生活が充実する中で，初めてその思いを言葉にして伝えようとする。大切なことは，教師がいかに幼児に話をさせるかではなく，いかに幼児が話したくなる状況をつくるかなのである。

―― 身近な自然に触れて遊ぶ ――

　　　　　　　　　　　　　　　　　　　　　　　　　　3歳児

　幼児を取り巻く社会が変化し，間接的な情報により知識を得ることが増え，幼児は実際に触れて諸感覚を通してそのものを感じるという直接的な体験が減少してきている。しかし，幼児期は，直接的・具体的な体験を通して多くのことを学んでいく時期なので，幼稚園において幼児が身近な自然に触れ，幼児なりにその大きさや美しさ，不思議さなどを全身で感じ取る体験は，これまでに増して必要な経験となっている。

　集団生活の中で，自分の思いを安心して出すことができるようになると，幼児は，周囲の様々な環境に興味をもち，それらに自ら働き掛けるようになる。特に，園内外の身近な自然に興味をもちそれに触れて遊ぶ機会が増えてくるが，こうした身近な自然とのかかわりの中で，幼児の心は癒され，幼児は自然の不思議さや自然と交わる喜びの感情をもつ。変容しつつも変わらずにある自然との出会いを通して，自らの世界を広げていく。

　事例5は，ある幼児がイチョウの落ち葉を拾ってきたことをきっかけに，みんなでイチョウの落ち葉に触れていろいろな遊びを楽しみ，その中で幼児一人一人がそれぞれに感じたことや思ったことを自由に表現している姿をとらえている。

事例5　イチョウの落ち葉で遊ぶ（3歳児　11月）

　幼稚園の近くにある神社の木々が赤や黄色に色づき，大きなイチョウの木の下には，黄色い落ち葉が一面に広がっていた。幼児の中にはその神社を通ってくる幼児も多い。

　N児が登園する途中で，神社のイチョウの落ち葉を拾い，幼稚園に持ってきた。陽の光にかざすと，落ち葉の鮮やかな黄色がまぶしい。幼児たちがN児の周りに集まり，「わぁー，きれい，どうしたの？」と聞く。N児が「神社で，拾ったの」と答えると，「いいなあ」「私もほしいなあ」と言っている。教師は，興味をもって身近な自然に触れるよい機会と思い，「Nちゃん，そのきれいな葉っぱ，どこで見つけたの。そこに，みんなで行ってみようよ」と誘う。

　学級全員で神社に出掛けた。一面に広がる黄色のイチョウの落ち葉のじゅうたんを見つけると，幼児たちは，そこに向かって走り始めた。両手いっぱいに集めた落ち葉を上に投げて，「わぁー，雪だ」と歓声をあげる幼児，落ち葉の上を踏み歩き「音がする」と，何度も行き来している幼児もいる。それぞれが思い思いのかかわり方をしている。

　K児は，「きく組さんの色がいっぱいだね」「黄色がいっぱいだ」と喜んでいる。A児は落ち葉を集め，「花束のできあがり」と，教師や友達に見せる。B児はその落ち葉の束を見て，「それ，結婚式で見たよ。お嫁さんが持ってたよ」と以前に見た結婚式の話をして，「私も作りたい」と言いながら，落ち葉をたくさん集め始める。

　T児は落ち葉の束を耳にあてて振り，音が出ることに気付く。「これ，鈴みたい」と鈴を鳴らすまねをする。隣にいたN児もT児と一緒に落ち葉の束を振り始める。教師は，「きれいな音が聞こえるね」とN児とT児の鈴の振り方に合わせてリズミカルに体を動かす。すると，T児は『赤

> 鼻のトナカイ』を歌いだし，うれしそうに落ち葉の葉で鈴の演奏をする。その歌声を聞いて，近くにいた幼児たちも仲間に入ってくる。落ち葉の鈴を振る幼児，体を動かして踊る幼児，手をたたきながら歌う幼児と，それぞれの表現が重なっていく。
>
> 　別のところでは，M児たちが落ち葉を両手いっぱいに抱えて集め，落ち葉の大きな山を作り始める。教師も，落ち葉集めを手伝う。落ち葉の山ができあがると，M児は「お風呂，いい気持ち」とその中にもぐり込む。他の幼児も「お風呂だ」と落ち葉の上に寝転び，「もっとかけてー」と言う。教師が，幼児のお腹あたりに落ち葉をかけてあげると，「あったかーい」と言い，落ち葉にまみれる感触を楽しんでいた。

○身近な自然と出会い，かかわりを楽しむ

　黄色いじゅうたんを敷き詰めたような美しいイチョウの落ち葉は，一年の中でもこの時期にしか出会うことができない魅力的な教材である。本来，幼児の周りにはこのイチョウのような心を動かされる自然がたくさんあると思われるが，幼児がそれらに気付き，十分にかかわっているとは限らない。教師自らが，身近な自然に関心をもって生活し，自然からの語り掛けを聞こうとする姿勢をもつことが，幼児と自然との感動的な出会いや，豊かなかかわりを生み出す。幼児にとって，自然を身近なものとしていくための教師の役割は大きい。

　事例5では，N児が持ってきたイチョウの落ち葉が，活動のきっかけとなっている。教師自身が神社のイチョウの美しさを感じ，その自然に触れて遊ぶ機会をもちたいと願っていたことも大きく，N児の思いを受け止め，みんなを誘うことに発展している。

　自然は多彩であり，四季折々に変化しつつも，その時期になると毎年

同じような変化がみられる。その中でなお変わらずに生き続ける姿は雄大である。だからこそ自然は人に感動や不思議さの念を呼び起こす。そのことは,幼児にとっても全く同じであるが,幼児の場合,必ずしも自然があればよいというわけではない。教師が,身近な自然との出会いの中で生じたその幼児なりの感動に共鳴し,一緒にそのかかわりを楽しむことが,幼児の身近な自然とのかかわりを深めていくことにつながる。教師には,幼児の素朴な感動を受け止める感性を豊かに保つことが求められる。

○全身で自然とかかわり,想像をめぐらせる

　幼児の表現は素朴で豊かである。幼児なりにいろいろに想像をめぐらせ,いろいろと見立てて楽しむ。事例5では,イチョウの落ち葉を集めた束を振るとカサカサと音がすることに気付いたT児が,鈴に見立て,教師に伝えている。教師が,T児の思いを受け止め,リズミカルに体を動かすことにより,幼児のイメージは更に広がり,歌を歌い始めることにつながった。教師の受け止めは,幼児のより豊かな表現を引き出している。

　幼児は,自分が表現したことを受け止めてくれる他者がいることで,表現の喜びを感じる。また誰かと感動を共にすることで,その感動はより深まり,心に残るものとなる。幼稚園では,その相手が教師であり友達である。教師は,一人一人の幼児の表現をしっかりと受け止め,共感することが大切である。

　イチョウの落ち葉とのかかわりに対する感じ方,楽しみ方は幼児一人一人異なり,多様である。陽の光にかざしてその美しさに心を動かす幼児,踏み歩く足元に感じる音や手にした落ち葉に鈴の音を聞く幼児,お

風呂のシャワーに見立てて体にかけ合う幼児等，幼児は全身で自然にまみれて遊んでいる。幼児が感じたことや思ったことを伸び伸びと表現する姿を共に楽しみ，その感性を耕していく教師の援助が大切である。感じ方や表現が一人一人異なる幼児が同じ場にいるからこそ，互いに刺激し合い一人一人の活動が豊かになっていく。

── 戸外で思い切り体を動かす ──

3歳児

　幼稚園生活の中で，幼児一人一人が安定し自己発揮するようになるためには，幼児が心と体を開放し，安心して自分の動きや思いを出せるように援助することが大切である。また，戸外遊びの経験や体を動かす経験が少ない幼児たちに，天気のよい日には，できるだけ戸外で伸び伸びと体を動かして遊ぶ楽しさを知って欲しいと考える。そのためには，幼児が進んで戸外に出ていきたくなるように環境の構成を工夫し，一人一人の興味のもち方や動き方に応じた援助をしていくことが必要である。

　事例6は，園庭の自然環境の中で，季節を感じて思い切り体を動かして遊ぶ幼児の姿をとらえ，幼児の戸外での遊びや様々な動きを誘う園庭の環境や教師のかかわりについて考えてみる。

事例6　紙テープをなびかせて走る（3歳児　5月）

＜春の自然を感じて遊ぶ＞

　天気のよい日が続き，園庭はモッコウバラが満開である。緑鮮やかなドウダンツツジの垣根，足元にはハナダイコンなども咲いている。教師は，この時期の自然を生かし，幼児が進んで戸外に出て遊びたくなるようにと思い，砂場を柔らかく耕し，一部に小さな山を作っておく。テーブルの上のバスケットには広告紙をまるめて作ったくるくる棒を入れ，チョウの形に切った色画用紙と紙テープ，それにセロハンテープを用意する。幼児が遊び始める頃合いをみて，教師は園庭に出て，テーブルの

ところで広告紙をまるめてくるくる棒を作り始める。

　それに気付いたA児は，バスケットからくるくる棒を取り出し，教師に手伝ってもらって紙テープを棒の先につけると，それを手に持って園庭の築山に向かって走り出す。B児も紙テープをつけた紙の棒を持ってA児を追いかけていく。二人はテープをなびかせながら築山を登ったり降りたりする。バラのアーチのトンネルをくぐり抜け，滑り台を滑り降りる。高さの異なる円柱の階段から，それぞれにポーズを決めて飛び降り，砂場の小山をジャンプする。二人は大好きなヒーローになりきって遊んでいる。

＜チョウチョ，また来る？＞
　くるくる棒を作っている教師のところにC児がやって来て，「Cちゃんのチョウチョ，また来る？」と教師に聞く。教師が「来るよ。何色？」と言うと，C児は，チョウの形に切り抜いてある黄色い紙を取り，棒の先にセロハンテープで止める。それから，チョウのついた棒をヒラヒラと動かし，砂場のかたわらにある桜の幹にもたれかかってチョウを見ている。
　紙テープやチョウをつけた棒を持って遊ぶ幼児が増えてきたので，教師もチョウのついた棒を持って築山に走っていく。教師を追って数人が走り出す。教師は築山を登ったり降りたりし，周囲の木々の間をチョウの棒を持って飛び回る。バラの花にチョウをとめながらアーチをくぐり抜ける。ツツジの垣根を迂回しながら花の蜜を吸う動きをする。するとC児がそばに来て，「蜜，おいしい」と言いながらツツジの垣根や足元のハナダイコンの周りにチョウを飛ばしながら動き出す。
　教師は手に持っているチョウをヒラヒラさせながら同じように蜜を吸ってこたえ，「あっちも」とバラのアーチに向かって走り出す。C児も教

> 師や友達と一緒にバラのアーチから築山を登り降りする。しばらくしてC児は砂場に戻り，桜の幹に体を預け，止まってはまた飛び出し，花から花へと移って走る。他の幼児たちも植え込みの間や切り株を自分の家に見立て，お気に入りの場所を見つけて止まってはまた飛び出し，園庭を駆け回って遊ぶ。

○季節及び幼児の興味や動線に配慮した園庭の環境をつくる

　幼児が戸外で思い切り体を動かして遊ぶ喜びを知ることを願って，教師自身が，5月の風や緑の木々，花などの自然の心地よさ感じ，それらを取り入れている。起伏のある園庭を生かし，幼児の動線を考慮した環境（落ち着いて製作できるテーブルとベンチ）や，幼児の動きやイメージを引き出すためのくるくる棒や紙テープとチョウの形の紙などの教材を用意している。幼児が，この時期特有の自然と十分に配慮された環境や教材と出会うことで，戸外で思い切り体を動かすようになったのである。

　園庭の一番奥には築山がある。起伏のある園庭は幼児の動きを誘い，幼児たちは思わず築山に向かって駆け出している。築山のふもとにはフェンスに沿ってバラのアーチと滑り台のある総合遊具が並んでいる。幼児たちの動きは，築山を登り降りし，バラのアーチのトンネルをくぐり抜け，総合遊具を使って滑り台を降り，砂場の小山を飛び越えるという動きになっていく。そこには，幼児の興味や動線に配慮した園庭の環境がある。

○戸外で幼児と共に体を動かし，動きを伝えるモデルとなる

　教師は，幼稚園生活に慣れてきた幼児が，興味をもった遊びの中でそ

の幼児なりの動き方で，戸外で体を思い切り動かして遊ぶ楽しさを感じて欲しいと願っている。そのために，教師は，登園時の一連の活動が落ち着いた頃，園庭に出て広告紙をまるめて棒を作り始め，幼児の動きを引き出す状況をつくっている。また，幼児と同じ物を持ち，同じ動きをし，同じ場で行動を共にすることによって，一人一人の幼児とつながりをつくりながら，幼児が安心して動き出せるように配慮している。

　事例6では，A児，B児は，紙テープやチョウをつけた棒を持って遊びたいという気持ちから，すぐに走り出している。築山，アーチ，固定遊具，砂場と，園庭を思いのままに駆けて遊び，戸外で伸び伸びと体を動かして遊んでいる。教師と一緒に紙テープをつけた棒を持って園庭に出て遊んだこれまでの経験から，幼児自身がその楽しさを求めて繰り返しているものと思われる。

　教師が，築山を登り降りし，木々の間を抜け，ドウダンツツジの垣根まで迂回すると，C児も一緒に走り回る。教師を追い，教師と一緒に遊ぶことで走る楽しさを感じている。その背景には，幼児と共に体を動かしながら，幼児の動きを引き出したり持続させたりして遊びのモデルとなる教師の援助がある。

○幼児一人一人の経験の広がりや深まりを大切にする

　A児やB児は，築山，アーチ，固定遊具，砂場と，園庭を思いのままに駆けて遊び，戸外で伸び伸びと体を動かして遊ぶことを楽しんでいる。一方C児は，「Cちゃんのチョウチョ，また来る？」と教師に問い掛け，「来るよ」と自分の思いを受け止めてもらうことで安心し，動き出している。またC児は，教師や友達と一緒に走った後，一人で木に寄りかかっている。教師は，戸外で体を動かして遊ぶことの少なかったC児のこれ

までの家庭生活に配慮し，Ｃ児のペースを取り入れながら体を動かす楽しさが感じられるような状況をつくっている。

　３歳児では，これまでの家庭での生活経験により，体の動き方や気持ちの表し方が一人一人異なっている。教師は，それぞれのペースをとらえ，その動きに応じつつ，体を動かす楽しさを知らせていくことが大切である。

　戸外で遊ぶ楽しさを知った３歳児は，自分から園庭に出掛けていくようになる。初めは自分の気に入った場所で遊ぶことが多いが，次第に周囲の環境や友達が遊ぶ姿が見えてきて，他の場所に移ったり，新しい動きやもの，場を取り入れて遊ぶようなり，戸外での遊び方や動きが多様になっていく。さらに，地域に出掛けたり，季節ならではの遊び（水遊び，雪遊び，お祭り，落ち葉での遊び等）を楽しんだりして，幼児は次第に戸外での遊びを楽しむようになっていく。したがって，３歳児においては，特にこうした戸外での活動の経験が広がる機会を大事にしていきたいものである。

第2節　遊びが充実し自己を発揮する時期

1　遊びの楽しさを発見する

　幼児は，周囲の環境に主体的にかかわって遊ぶ中で，ものや事柄に様々な意味があることを発見し，様々なかかわり方をして自らの世界を広げていく。

　例えば，幼児は紙をまるめた細長い棒を，剣に見立てたり魔法のステッキに見立てたりして，次々と遊びを展開していく。初めは，教師に作ってもらったものを持っているだけでうれしいのだが，やがて見よう見まねで自分で作り始める。何本も何本も作りながら，紙のまるめ方やほどよい太さ，硬さなどを発見していく。次第にうまくできるようになると充実感をもち，更に積極的に動き出す。イメージを浮かべ，想像力をめぐらせて作った剣やお面を身にまとい，忍者やお姫様になりきって実に気持ちよく遊ぶ。ジャングルジムを拠点に高く登って見回したり，友達と一緒に巧技台で忍者修行の場を作ったりし，体を動かして遊んでいる。イメージを様々に表現し，友達と言葉を交わして遊ぶようになる。自分の身体を使って表現し，友達と力を合わせて遊ぶ楽しさを知っていく。

　こうして幼児は，遊びに没頭し対象への様々なかかわり方を発見しながら，遊びの楽しさを味わい自信をもって行動するようになっていく。その過程では，挫折(ざ)や葛藤(かっとう)なども味わい，心も体もたくましく成長する。

　教師は幼児理解に基づき，ものや場などを計画的に構成しながら様々な役割を果たし，幼児の遊びが豊かなものとなるように援助していくことが重要である。

2　対象に没頭し遊び込む

　遊びの中で，幼児は，その対象がもつ特性や仕組みを理解し，ものや事柄など環境にかかわる態度を身に付けていく。興味をもち好奇心を抱いたものには繰り返しかかわり，もっと面白くしたいと探究していくようになる。対象に没頭し遊び込むことで，幼児は考えたり試したり工夫したりしながら自分の力を発揮していくようになる。

　例えば，泥団子作りを繰り返している幼児は，砂と土との違いを知っていて，園庭のある場所の土を選んで泥団子を作っている。泥団子を握りながら，硬さや大きさを感じ取り，泥団子を磨くときには，細かい白砂や磨く布の素材を選んでいる。作った泥団子はビニール袋や箱に入れ，大切にしまってはまた取り出して遊んでいる。同じ頃，みんなで水田を作る体験をしたときに「この土なら硬くてぴかぴかの泥団子ができる」と予想し，考えたり試したりして工夫しながら土とのかかわりを深めている。そのとき，教師は，絵本やインターネットなどを使って教材研究に余念がなく，幼児と活動を共にしつつ，この遊びが幼児にとってどのような意味をもつのか考えながら，探究心を深めていけるように援助している。

　幼児は，こうして周囲の情報を取り入れながら夢中になって遊ぶ中で，ものの特性を知り，考えたり試したりしながら様々なかかわり方を発見し，自分の中に取り入れていく。教師は，幼児の探究心を深めるような環境の構成を工夫し，幼児がやがて目的や見通しをもって遊びを展開していくことができるように，じっくりとした時間の流れの中で援助していくことが大切である。

3　表現する楽しさを味わう

　幼児は，身近な周囲の様々な環境とかかわりながら，心を動かし，その幼児なりの方法で表現している。

　戸外でままごとをしている幼児が，砂と木の葉を混ぜ合わせながらお好み焼きのイメージを浮かべ，鉄板に見立てた机の上で平たく丸く広げて焼いている。一人の幼児が身振りを交えて呼び込みを始め，縁日のお好み焼きの雰囲気になる。すると近くのモクレンの葉をうちわに見立てる幼児が出てきて，「うちわもあるんだよね」「お面も作ろう」「クレープも作ろうよ」とイメージが広がる。教師は，板と台を並べながら屋台風な場を作ることを提案し手伝う。アスレチックの上では，木筒を並べ，打ち上げ花火を考えついた幼児がいる。数人の幼児が部屋からポンポンを持ってきて，「5・4・3・2・1」と打ち上げのかけ声とともに，ぽーんと高く跳び上がり全身で花火を表現している。少し離れて見ていた幼児は，教師に「お祭りの太鼓を出して」と頼み，幼児たちの動きに合わせて和太鼓で打ち上げ花火の音を出す。

　このように幼児が，自分なりに身近な素材を見つけて遊びに取り入れる体験は，創造的な活動の源である。素材にかかわる多様な体験は，表現の仕方を広げ意欲や想像力をかき立てる。教師は，幼児が様々な表現を楽しむために利用できる素材が豊かにある環境を準備し，また，幼児が生活の中で音と出会ったり，絵をかいたり，物を作ったり，身体で表現したりする楽しさを十分に味わえるように，場をとらえて援助していくことが重要である。遊びの中で幼児が自己表現をしようとする姿に共感を寄せながら，表現する楽しみを十分に味わわせるようにしていくことが大切である。

4 葛藤(かっとう)を乗り越え，友達と一緒に遊びをつくり出す

　幼児が，遊びの中で自分の思いや考えを様々に表現し，自己を発揮するようになると，主張と主張がぶつかり合い，なかなか自分の思うようにはいかないことを体験する。友達と一緒に遊びたくても，相手とやり方が違ったり，思いや意見が違ったりして，いざこざや心の葛藤(かっとう)を味わう。いざこざや葛藤(かっとう)の体験は，幼児が，友達とのかかわり方を学ぶ貴重な場面である。教師は，一人一人の幼児の思いや考えを言葉に表現して相手に伝えられるようにしたり，どうしたらよいか考えさせたりするなど，必要に応じて仲立ちをしていく必要がある。幼児同士がかかわり合って学ぶ体験を十分に重ねていくことによって，互いに相手の考えを理解しながら，自らの考えを言ったり，行動を選択したりして，新たな方向が見いだせるようになる。こうして協同性がはぐくまれていくのである。

　例えば，事例4では，虫相撲を繰り返し楽しんでいる幼児たちがいる。勝ちたい気持ちが強く，ある幼児が，途中で自分に都合よく虫を取り替えたことがトラブルになる。幼児たちはそれぞれに自分の意見を主張し合い，新たな遊びのルールをつくり出していく。初めはそれぞれが自分のこだわりをもって遊んでいるが，こだわりを主張し，伝え合い，やり取りしながら新しいルールを生み出し，互いに受け入れて遊びを続けている。こうして互いに主張し合い，もっと遊びを面白くする方法を考え出す過程は，友達とかかわりながら新たな方向を見いだす体験の場として非常に重要である。このようなやり取りを通して協同的なかかわりができていく。

教師は，幼児たちが自分の考えを出し合い，もめながらも遊びを続けるための新たな方向を自分たちで見いだすことができるように，根気よく援助していくことが大切である。

―― 様々な表現を楽しむ ――――――――――――――――

4歳児

　幼児は，身近な人や周囲の環境に自分からかかわって遊ぶ中で，心を動かす出来事に出会い，自分の感じたことや考えたことを自分なりに表現している。自分なりの表現を受け止めてもらい表現する喜びを味わうようになると，感じたこと，考えたことなどを音や動きで表現したり，自由に絵にかいたり物を作ったりして様々な表現を楽しむようになる。更に想像をふくらませ，見立てたり，なりきって動いたりして，友達と心を通わせながら表現を楽しむようにもなる。

　教師は，幼児が何に心を動かし，何を表そうとしているのかを理解しながら，表現する喜びを十分に味わわせることが大切である。心を動かす出来事に出会い，その感動を幼児同士で伝え合い，様々な方法で表現し合うことによって，幼児の表現力は多様で豊かなものになっていく。

　事例1は，物を作り，それを身に付けたり見立てたりして，あるものになりきって遊ぶ幼児の姿をとらえている。事例2は，心地よい音やリズムを楽器で表現する楽しさを味わう幼児の姿をとらえている。いずれの事例も，幼児が生活の中で喜んで表現する場面であり，友達と伝え合いながら，様々な表現を楽しむための教師の援助が表われている。

事例1　人魚姫になって，忍者になって（4歳児　10月）

　　幼児たちが人魚姫に興味をもち遊んでいた様子を見て，教師は，お帰りの会に人魚姫のお話をする。ある日，「ねえ，人魚姫ごっこしよう」と，

スカートの衣装をつけながら，A児とB児が話している。「私，スージーって名前なのね」「私はララ」「今，お食事なのね」「サメがきたらキャーって言うことね」「踊りの時間になったわ」と言いながら，二人のイメージの世界は広がり，共通になっていく。

　二人は製作コーナーで，ステッキを作り始めた。広告紙を角から丁寧にまるくして，その先に色画用紙をハート型に切ってつける。そして，カセットデッキを取り出し，『渚のアデリーヌ』の曲をかけて，うっとりとしながらステッキを持って自由に踊る。すっかり人魚姫になりきって，指先まで柔らかにしなやかに動かし，体で音楽を感じている。教師は，観客として二人の踊りを見守り，二人がステッキを十字に合わせてぱっと離す動きをしたときには，思わず「すてきね」と言いながら拍手を送った。二人は充実した笑みを浮かべている。

　園庭では，忍者ごっこをしている幼児たちがいる。2週間ほど前に，みんなでリズム遊びの『忍者体操』を楽しんで以来，忍者ごっこがはやりだした。教師も，幼児たちの忍者ごっこのイメージを大事にして，そのイメージが広がるよう，頭にかぶる風呂敷や，紙ベルトなどを用意した。幼児たちは，それぞれに形を工夫して作った紙の剣やしゅり剣を持っている。

　アスレチックを忍者屋敷にして，泥団子を作って隠し持ち，「木の葉隠れの術」と言って，ヤスデの木の後ろに隠れている幼児がいる。全く忍者になりきっている。そのうち，忍者たちが集まって，小枝や落ち葉を拾って，たき火をしているつもりになって遊んでいる。砦から滑り棒を伝って降りると「スルスルの術」などと名付ける。忍者になり体を動かす中で，さらにいろいろな遊びのイメージがふくらみ，忍者の世界が広がっていく。

事例2　どうぞ，聴いてください（4歳児　12月）

　　C児がカセットデッキで音楽をかけ，タンブリンを打っていた。その音を聞いて，D児とE児もタンブリンを持って来て，それぞれ自分のリズムで打ち始めた。C児が「ちょっと，合わせてよ！」と怒ったように言うと，他の二人は，C児の打ち方をまねて打っていた。しばらくしてD児が「Cちゃんのまねばっかりでつまんない」と言う。C児は「じゃあいいよ，次はDちゃん。交代ね」と交代して打つことになった。リードする幼児の打ち方により曲の感じが違って聴こえる。三人三様のリズムであり，その変化が面白い。教師もその場にいて，一緒にリズムにのって体を動かし，変化を楽しむことにした。三人も，教師の体の動きに合わせて動く。リズムの変化の面白さを共感しているようだ。
　　それから教師が「何だかとっても気持ちのいい楽しい音楽ができたのね」と言いながら，かたわらに椅子を持って来て座る。教師の動きを見て，C児が「音楽会です。どうぞ，聴いてください」と言う。音楽会の雰囲気を思ったのだろう。あわてて紙の切れ端で作ったチケットを渡してくれた。教師が，三人のリズムを口ずさみながら，しばらくリズムの変化を楽しんでいると，仲間に入りたい幼児が次第に増え，C児の期待通りその場が，にわかに音楽会となっていった。観客の幼児たちも一緒に体を動かしながら，リズム遊びを楽しんだ。

○音楽を聴き体を動かして遊ぶ中で，想像の世界が広がる
　幼児は，幼稚園生活の様々な場面で，音楽に触れ，楽しんでいる。入園当初は，知っている曲を耳にするだけで落ち着き，楽しい気分になっていた。次第に幼児は知っている歌を口ずさんだり，それに合わせて体を揺らしたり，音楽に合わせて動いたりイメージを広げたりして，体で

音楽を感じ楽しむようになる。

　事例1には，なりたいものになりきって遊ぶ幼児たちの姿がある。人魚姫も忍者も，いずれも音楽に合わせて体を動かし，想像の世界で遊ぶことを楽しんでいる。そこには，幼児の心を動かす音楽との出会いがある。また，幼児なりの想像の世界を受け止めている教師の存在も大きい。教師は，スカートや風呂敷などを用意し，幼児が，それらを身に付けることで，更になりたいものになりきることができるような雰囲気をつくっている。

　もちろん，こうして体を動かして想像の世界を楽しむ幼児の姿の背景には，友達と一緒に，教師が語る人魚姫のお話に聞き入ったり，忍者のアニメーションを目を凝らして見たりして，お話の中で人魚姫や忍者の世界を楽しんできた経験がある。お話の世界に浸る経験が，幼児の想像力をかきたて，遊びのイメージを豊かなものにし，全身で想像の世界を表現することにつながっている。

　事例2でも，友達と一緒に体を動かしながらリズムを楽しんでいる幼児の姿がある。リズムの変化を体で感じ，教師や友達と一緒に体を動かすことで，表現を伝え合っている姿が印象的である。教師自身が，幼児のつくり出すリズムにのって体を揺り動かしたり，リズムの変化を楽しんだりしていることが，リズム遊びを楽しむ幼児の活動を生み出している。

○幼児が自由に表現することを大切にしながら，多様な表現を楽しむ
　幼児の表現は極めて素朴で，思ったこと感じたことを素直に表す。大人からみると何を表現しているかが明確でないものでも，幼児にとっては一つ一つが意味をもっており大切なものである。幼児が様々な表現を楽しみ，自己表現する喜びを味わうようになるためには，教師が，幼児

一人一人が表現しようとしていることを読み取り，それを幼児が様々な形で表現できる環境を整えていくことが必要である。

　事例1では，教師は，幼児がステッキを持ち人魚姫ごっこをすることを予想し，あらかじめハート型の型紙ときれいな色の厚紙を用意しておいた。幼児が紙をまるめて作った棒をステッキに見立てたときに，教師がそれらを提示することで，幼児の表現意欲が高まり，イメージの世界がより広がっていった。また，教師が二人組の動きに気付いて，「すてきね」と心から拍手したことの意味も大きい。忍者ごっこでは，教師が幼児に戸外に目を向けるように促すことで幼児の動きをダイナミックなものとしている。また，自然物を積極的に取り入れて，様々な動きや表現を引き出している。いずれの事例でも，幼児が友達とイメージを共有し，互いに刺激し合って多様な表現を楽しむことを，教師が支えている。

　事例2では，初めは幼児たちが，タンブリンを持って，自分なりに音楽に合わせてリズムを打ったり，友達と合わせたりすることを楽しんでいる。友達と一緒に活動しているが，それぞれが自分なりの楽しみ方をしている。そこで教師は，幼児たちの奏する音楽を聴くという役割をとりながら，幼児たちが友達とリズムを合わせながら表現することを支えることにした。教師が幼児のつくり出すリズムに合わせて一緒に体を揺り動かすことにより，幼児たちは同じ音楽を聴きながらも異なるリズムが生まれてくることに気付き，それらの異なるリズムを合わせることで一つの音楽をつくり出す面白さを実感している。まさしく，リズムの調和によって生まれる心地よさを体感していると言える。

　このように，自分なりに表現することが楽しいと感じる経験や，みんなと一緒に行うことがとても楽しいと感じる経験を積み上げていくことで，幼児の表現は多様に，そして豊かなものになっていくと考えられる。

―― こだわりをもって，一つのことを繰り返す ――――
　　　　　　　　　　　　　　　　　　　　　　　　　　　4歳児

　幼児が自分から周囲の環境にかかわり，好きな遊びを見つけて，毎日繰り返し遊ぶようになると，その中で様々な発見や工夫をして遊びを変化させていく姿が見られるようになる。よく見ていると，毎日単に繰り返されていると思われる何気ない幼児の姿の中に，その幼児なりのこだわりや意図をもって試したり確かめたりしている姿がある。

　幼児の主体的な活動としての遊びは，幼児が周囲の環境に様々な意味を見いだし，様々なかかわり方を発見する過程でもある。そうした遊びの中で，幼児は，いろいろな経験をし，様々な能力や態度を身に付けていく。そのために，教師は，幼児が発達に必要な経験を得られるような状況をつくり，その中で幼児が何を楽しんでいるのかをとらえ，常に幼児の遊びの展開に留意して適切な援助をしなければならない。

　事例3は，4歳児が，水遊びができる環境の中で，自分なりのこだわりをもって繰り返しかかわり，発見したり変化させたりして遊び続ける姿と，教師のかかわりをとらえている。

事例3　この空き箱はなぜ浮かないのか？（4歳児　6月）

　気温の高い日が続き，水を使った遊びが楽しめるようになってきた。教師は，園庭やテラスに水を張ったらいやビニールプールを出し，一人一人がじっくりと自分の興味のあることにかかわれるようにというねらいをもった。そして色水やシャボン玉，船作りのできるような素材や

材料を保育室に置き，自分たちで持ち出していけるようにしておいた。その際，船作りの材料は，幼児が素材の材質に気付いて選択できるように，牛乳パックなどの，防水加工がしてある表面がつるつるしているものと，そうでないものとに分類しておいた。

　たらいの周囲では，3歳児が容器に水を移し変えたり，5歳児が葉っぱをすりつぶして色水作りに熱中したりしている。その楽しそうな遊びには目もくれず，その間を縫うように行ったり来たりしている4歳児のA児とB児がいた。二人は空き箱を，たらいの水にそっと浮かべ，無言でその箱の行方を見守っている。教師は，何をしているのかよく分からないまま一緒に覗き込んだ。箱は沈んだ。「また失敗」とため息まじりのA児。その後も違う箱を持ってきて浮かすが，沈んでしまう。教師は「浮かないね，どうしてだろうね」と声を掛けたが，二人はくじけることなく保育室の空き箱置き場へ走っていく。

　A児が「こんなのいいかな」と牛乳パックを見せると，「そんなの浮くに決まってる，牛乳入っているんだから」とB児。教師が「へえ，牛乳入っていると浮くんだ」とつぶやくと，「当たり前だよ，つるつるしてるんだから。箱が」と言う。B児には，つるつるしている箱は浮くという認識があるらしい。教師が「牛乳パックやってみないの？」と聞くが，B児は「これ絶対浮くと思うのに…」と表面が少しつるつるしたアイスの箱を見せた。そういえばぐにゃぐにゃになって積み上げてあった箱はすべてこのアイスの箱であった。教師はこのとき初めて，B児が単に浮くものを探しているのではなく，なぜこのアイスの箱はつるつるしているのに浮かないのかということにこだわっているのだと気付いた。片付けのとき，A児は「ぐにゅぐにゅ，握ると固まるよ」といくつもの箱を握っていた。すべて，A児が，浮かべて確かめた箱ばかりである。

次の日，Ｂ児は，箱のふたを粘着テープで止めるとしばらく浮くことに感動した。しかし，また水がしみこんでしまうことに気付いてがっかりしていた。
　Ｂ児は「水は箱より強いなあ」とつぶやいた。教師は，Ｂ児のこだわり方に驚くとともに，「すごいね，Ｂちゃん。いろんなこと試したんだね」と言いながら，周りの幼児たちにもＢ児の取組を紹介した。その後，船作りではＢ児は発泡スチロールのトレイを選んで使っていた。それは，Ｂ児なりに，船作りの素材をさんざん試した上での選択だった。

○一人一人のこだわりを受け止め，行動の意味を理解する

　二人は，空き箱を水に浮かべて遊ぶ行為を繰り返しているが，教師にはその意味がすぐには理解できず，一緒に覗き込んでいる。教師は一人一人の幼児が何を面白いと感じているのか，何にこだわっているのか，初めは気付かなかった。Ａ児とＢ児とでは，同じように箱を水に浮かべていても，楽しんでいることが異なっていたのである。

　Ｂ児が「同じようにつるつるしているのに，なぜ？」と疑問に思ったことが，その後，Ｂ児のこだわりとなり，探究する行動の原動力となっている。「なぜだろう」と思い対象とかかわる，いろいろに試す，確かめる，納得して自分の世界に取り入れるという行為の繰り返しの中で，幼児の世界は広がり，思考力が育つ。そのためには，自分のやりたいことにかかわることができるという経験の積み重ねや，使いたいものを選べる環境の構成，幼児の興味や関心を誘う環境の構成が必要である。この場合，防水加工のしてある表面がつるつるしている箱とそうでない箱を分類しておいたことが，両者はどう違うのだろう，同じようにつるつるしていても水が入ってしまうものとそうでないものとがあるのはなぜだ

ろう，という疑問を幼児に抱かせたようだ。この意味では，教師が材質の違いによって分類しておいたことが，幼児のこだわりを生み出したと言えよう。

○繰り返すことの意味や，繰り返す中での変化をとらえる

　幼児は，面白い，不思議だなと思ったことは何度でも繰り返しやってみる。大人にとっては無駄と思えることも全く苦にせず，くじけることなく繰り返す。何度も何度も繰り返す中で疑問が解決され，また新たな疑問が生じたり他の面白さを発見したりもする。繰り返しながら，幼児の対象へのかかわり方や見方が広がっていく。

　幼児が集中して遊んでいるときは，その事柄に魅力を感じていて，なぜだろう，不思議だなと思い，知恵を働かせている。なぜだろう，不思議だな，という疑問から，試してみようとする探究心をもつようになり，次第に対象の特性に気付いて，遊びに取り入れていくようになる。

　教師は，一人一人のこだわりを受け止め，幼児が対象にかかわってじっくりと遊べるように，物を選び，幼児なりに対象とかかわり考えたり試したりできるような場を構成し，興味を追求できる時間を確保していくことが重要である。

── 友達と一緒に遊びをつくる

4歳児

　幼稚園教育では，幼児が，遊びの中で自分の思いを様々に表現し，興味のある遊びを繰り返しながら，自己を十分に発揮していくようになることが重要であり，そのために幼児の人間関係を大事に育てていく必要がある。

　幼稚園生活に慣れ，人間関係が安定すると，幼児が遊びに没頭する姿が見られるようになり，同じ遊びに興味をもって集まった友達とのかかわりは広がり深まっていく。幼児は，友達と一緒に気に入った遊びを繰り返しながら，自分たちで遊びのルールをつくり出したり，もっと面白くなるように工夫し変化させたりするようになる。

　その中で，自分の思いを押し通すと友達と楽しく遊べないことも経験する。また，友達と一緒に遊びをつくる過程で，幼児は自分の思ったことを相手に伝えたり，相手の思っていることに気付いたりするようになっていく。

　事例4は，友達と一緒に同じ遊びを繰り返しながら，遊び方を変化させている幼児たちの姿をとらえている。いざこざや葛藤(かっとう)を乗り越えて，友達と一緒に遊びを発展させていく過程を通して，幼児が友達と一緒に遊びをつくるための教師の援助の在り方を考えてみる。

事例4　僕の虫，強いよ（4歳児　11月）

　C児たちは虫が大好きで，特にカブトムシやクワガタに興味をもち，折り紙でそれらの虫を作っていたが，作るだけで遊びは終わってしまっていた。教師は，友達とのかかわりが深まってきたこの時期に，「作ったものを使って遊んだり，遊びの場を構成したりして，友達と一緒に工夫して遊ぶ」というねらいをもって，日々の指導を考えていた。そこで，C児たちの興味を生かした遊びの発展を考えた。

　教師は折り紙で作ったクワガタを，空き箱の土俵に並べて，箱をトントンとたたいて落とす虫相撲を始めてみた。予想通り，C児たちも自分の作った虫を持ってきて参加してきた。遊びのルールをすぐ理解し，相手の虫を落とすと自分の箱の中に集めている。また，自分の虫がいなくなると，更に作って増やし，活発に遊んでいる。

　C児は「これ，ノコギリクワガタ」と，空き箱を切ったりはったりして工夫して作っていた。「僕のはミミズ太郎ちゃん」と言って，広告紙を巻いて作ったミミズを作ったD児。対戦するときは「がんばれ！」と応援する幼児も出てきた。かっこいいC児の虫は「すごい！」と友達に認められるが，相撲では意外にも紙を巻いただけのミミズが強い。周りの幼児たちは，さっそく強い虫をまねて作り，自分の箱に入れている。

　そのうち，誰の，どの虫には，自分のどの虫が勝てるということが分かり始め，強い虫が提示されると，「やっぱりこの虫に変更」と，一番弱い虫に変えるというかけひきも生まれてきた。いざこざになると，「どっちが先に虫を出すか決めよう」「『せーの』で虫を出した後は，変えちゃだめ」など，自分の考えを相手に伝えたり相手の考えを聞いたりして，遊びのルールをつくりながら活動している。

しかし、勝ちたいために、自分の虫が落ちそうになると、自分の虫を守るような位置で箱をたたいて「ずるい」と指摘される幼児や、強くたたきすぎて逆に自分の虫が落ちてしまってがっかりする幼児もいる。
　こうしたいざこざや葛藤を繰り返しつつも、幼児にとって虫相撲は面白い遊びのようである。試行錯誤しながら、数週間にわたって遊びが続いていた。特にＣ児は、自分の作った虫をどうしても勝たせたいので、友達といざこざになることが多い。友達に「ずるい」と指摘されながらも、つい自分の虫を守っている。初めは、友達に言われても自分の思いを押し通そうとしていたが、だんだんに状況を理解してきたようである。友達に何か指摘されると、はっとした表情をする。そして、「じゃあ、こうしようよ」と言いながら、自分から遊びのルールを提案することもある。
　幼児一人一人が自己発揮しながら虫相撲に取り組んでいるので、教師は、「かっこいいね、よく考えて作ったね」などと幼児が工夫しているところを認めながら幼児たちの遊びを見守ることにした。そして、ときには教師自身も工夫して虫を作って遊びの仲間に入り、幼児との対戦を楽しむことにした。

○遊びが楽しくなるためのアイディアを提供していく
　Ｃ児たちは、大好きな虫を作ることを繰り返していたが、次にこうしたいという意欲や遊びのイメージはあまりもっていなかった。そこで教師は、「虫が好き」「作って遊ぶことが楽しい」という幼児たちの興味や楽しんでいることを生かして、遊びが更に面白くなるようなアイディアを提供し、幼児たちが夢中になって遊べる状況をつくり出している。すなわち、教師自身が、幼児が作っているものと同じものを作り、それを

使って新しい遊びに取り組むことで，幼児たちに新たな興味や関心をもたせ，自分たちの力で遊びを発展させるきっかけをつくったのである。

　教師のアイディアの提供から始まった遊びだが，幼児たちは，それをすぐに自分たちの遊びとして，幼児なりの楽しみを見つけて遊んでいる。かっこいい虫を工夫して作ったり，名前をつけて大事にしたり，強い虫を作ろうとしたり，うまく戦おうとしたり等，幼児自身がこだわりや楽しみを見つけ，友達と一緒に遊びをつくり出すことを楽しんでいる。

　幼児の遊びが充実し，幼児一人一人が自己発揮していくために，教師の援助は不可欠である。しかし，その援助の仕方によっては，幼児が自分たちの遊びを展開しているという意識や意欲を失わせてしまうこともある。

　幼児たちの遊びがよりよい方向に発展していくためには，教師が幼児の楽しみやこだわりをとらえ，それを受け止めつつ，適当な距離をもって働き掛けることが大切である。

○思い通りにならない場面で，友達と考え合い，工夫し合う

　虫が大好きなＣ児は，虫についての知識をもっていて，かっこいい虫を作っていた。友達の間では「虫作りが上手なＣ児」として認められている。そのために，Ｃ児は，友達に勝ちたいという思いが人一倍強く，相手の出す虫の強さを推測して途中で自分の虫を変えたり，思わず手で囲って自分の虫を守ったりする。当然，友達といざこざになる。しかし，遊びを続けたいという思いも強くもっているので，自分で遊びのルールを破っておきながら，「じゃあ，この次はこうしよう」などと，遊びを進める上での新しいルールを提案したりもする。周りの幼児たちも，いざこざの原因にはあまりこだわっていないので，Ｃ児の提案を素直に受け

入れることが多い。おそらく，幼児たちは，早く問題を解決して次の対局をしたいという気持ちでいっぱいであり，なぜいざこざが起きているのか考えていないのだろう。Ｃ児本人も全く同じである。いざこざが起きるたびに，幼児同士が遊びを続けるために真剣に話し合い，工夫し合っている様子がうかがえる。こうした真剣さが，遊びの発展の原動力となっているようである。

遊びのイメージや考えを伝え合う
5歳児

　幼児は，自分が興味をもった遊びを繰り返し楽しむようになると，その遊びの楽しさを求めて，こうしよう，こうしたいと，ある遊びの目的をもって取り組むようになる。そして，一人でだけでなく，友達と遊びのイメージや考えを伝え合いながら，遊びの目的を共有して遊びを進める姿が見られるようになる。幼児同士が，感じたことや考えたことを互いに言葉や動きで伝え合い，考え合いながら，目的を共有して遊びを進めていくことにより，更に遊びは発展していく。こうした遊びの発展の過程において，幼児同士の伝え合いや考え合いは欠くことのできないものであり，その際には幼児同士のやり取りに沿った教師の適切な援助が必要である。

　事例5は，友達と一緒に試行錯誤しながら遊びのイメージを実現していく幼児の姿をとらえている。幼児同士が，遊びのイメージを伝え合う場面や共に考え合う場面での教師の援助の在り方を考えてみる。

事例5　動いた！本物みたい（5歳児　7月）

　T児がティッシュペーパーの箱でロープウェイを作り始めた。はさみで箱に穴を開けて窓を作ろうとしたが，うまくいかない。教師に援助を求めてきたので，「こうすれば開けやすいよ」と切れ目を入れて手渡す。T児は窓を開け，側面に模様と番号をつけた。ビニールひもを上部にセロハンテープでつけ，近くにいたA児に「ちょっとそっち持ってくれ

る？」と頼んだ。A児が「いいよ」とひもの片側を持つと，ロープウェイが宙にゆらゆらと揺れた。A児が「トイレットペーパーの芯に通せば，すうって動くよ。前，ロケットを作ったときみたいに」と言う。初めT児には，A児の言う「すうって動く」ということが想像できない様子であった。どうしたらよいのか分からない様子でいたので，教師が「Aちゃんの考えすごいね。そうかもしれないね」と言うと，A児はさっそく芯を探し始める。T児もその後を追う。二人は芯を見つけ，ロープウェイにつけた。

A児はこれまでに経験があるので，高低差をつけるために交互に立ったり座ったりすることをT児に伝えている。ロープウェイは動き始めた。それを見たH児も興味をもって，「すごい。動くようにしたんだね」と言う。A児とT児は，やり遂げた満足感からにっこりする。

A児が「もっとひもを長くしよう」と言い，挑戦してみたが，あまり動かなくなってしまった。今度はT児が，「もっと高くしないとだめだ」と言い，積極的に椅子を持ってきて高低差をつけ始めた。先ほどの成功で自信をもった様子である。少し動く。それを見ていたH児が「お客さん乗せれば？重くするといいんじゃない？」と言う。T児は，部屋にあった小箱や積み木を入れて試したが，なかなかうまくいかない。三人は「ロープウェイってゆらゆらするときあるよね」「ちょっと怖いよね」などと話しているが，満足していないようである。三人は，どうにかしたいと思いつつも，いい考えが浮かばないようである。

教師は，幼児のもっているロープウェイの動きのイメージにより近い形で実現できれば，遊びがもっと面白くなるだろうと思い，「お客さんは粘土で作ってみたらどう？」と提案してみた。T児たちは，さっそく粘土の大きさを変えながら試し始めた。何度か試すうちに，ゆっくり滑り降り

> てくるという動きになってきた。「動いた！本物みたい」と歓声を上げる。
> 　しばらくすると，「ちょっと遅いね，止まりそうだ」と言い合いながら遊ぶ三人の姿があった。「粘土，多すぎるんだよ」「もうちょっとひもを高くすれば？」などと，それぞれの考えを言い合っている。粘土を入れて重さを調節したり，高さを調節したりして，ゆっくり動くロープウェイ作りに挑戦している。一つの目的が達成でき，さらなる挑戦をしている姿である。

○目的をもって遊びを探究していく過程を大切にする

　T児はロープウェイを作りたいという思いから，身近な材料や用具を使って作り始める。作る過程で，窓を開けたい，動かしたい，ゆっくりゆらゆら動かしたいと，次第に本物のロープウェイのようにしたいという遊びの目的がはっきりしてくる。幼児は，活動する中で遊びのイメージがふくらみ，「こうしたい」という思いや目的をもつようになる。したがって，幼児の活動の展開に沿って，幼児の思いや目的が実現できるような環境を構成することが必要となり，材料や用具などは幼児の要求に沿って柔軟に対応できるように，あらかじめ余裕をもって準備しておきたいものである。

　A児は，以前の遊びの経験から，滑り降りる仕組みを考え出し，ロープウェイ作りに生かしている。遊びの経験が，次の遊びの経験に生きている。幼児の思考力を育てていくためには，こうした幼児なりの見通しをもった取組は大切にしていきたい。

　物を作る際，こうしたいという思いや目的があっても，幼児の力ではなかなかうまくいかないこともある。三人が，揺れながらゆっくり動くというロープウェイをイメージし，それに沿って考えを出し合っている。

幼児が実現したいと思っていることは高度である。教師は、このままでは幼児たちのせっかくの挑戦が実現せずに終わってしまうかもしれないと予想した。幼児たちのさらなる探究心を満足させていくために、教師は粘土を使うことを提案してみた。その結果、幼児たちの遊びの焦点が、ロープウェイの重さで滑り降りる速さを調節することに向けられた。まさに目的実現のための教師の援助の在り方を考えさせられる場面である。

○互いの考えやよさを受け止め合う関係を育てる

　T児は、一人で作って始めたが、A児、H児とかかわり、友達とやり取りしたり情報やアイディアを得たりしたことで遊びが深まっている。友達と一緒に遊びを進めていく中で、互いの考えに気付き、認め合うことができるようになってきている。二人でひもの両端を持つ、交代で立ったり座ったりする、頭を寄せて語り合うなどの姿には、相手のしようとしていることが分かり、相手の動きに合わせて行動する様子がみられる。目的を共有し、その実現のために一緒に行動しようとする関係の育ちがみられる。

　また、友達に「持って」と頼んだり、「前にこうしたから‥」とか「こうするといいんじゃない？」などと自分の考えを伝えたりする姿が見られる。幼児が、物事をやり遂げる楽しみを求めて自分のもてる力を発揮していくようになるためには、一緒に行動する友達の存在が重要である。目的の実現のために、友達と考え合い、伝え合って一緒に行動する。そして、達成する喜びを友達と共有し合うことを通して、目的に向かって行動する態度や姿勢が幼児の中に培われていく。人間関係が深まることを通して、互いに伝え合う、考え合うことができるようになり、さらに、好奇心や探究心がはぐくまれていくのである。

── 諸感覚を通して生き物とかかわる ──

5歳児

　幼児は，身近な自然を肌で感じ取る体験から多くのことを学んでいる。とりわけ，生き物との出会いは幼児にとって貴重な体験となる。生き物と触れ合い，驚きや感動など心を揺り動かす体験をする中で，幼児は次第に命を感じたり，愛着をもって生き物に接したりするようになる。また幼児は，心を動かす体験をしたとき，その中で幼児なりに獲得したことをイメージや知識として取り込み，それをもとにいろいろに思考をめぐらしていく。すなわち，こうした感動体験を通して，幼児の自然に対する畏敬の念や親しみ，愛情などがはぐくまれるとともに，科学的なものの見方や考え方の芽生えも培われるのである。
　特に5歳児では，好奇心や探究心が高まり，より細かい部分に目を向けるようになり，変化に気付いたり，興味をもって持続的に観察したり，世話をしたりすることで，生き物とのかかわりが深くなっていく。
　事例6は，羽化したチョウに思いを寄せて，それぞれの意見を出し合う幼児の姿をとらえている。事例7は，諸感覚を通してチョウの幼虫やさなぎとかかわることで，その生態や成長に関心を寄せる幼児の姿をとらえている。これらの事例を通して，幼児同士が，互いに情報を交換しながら関心を深めていく姿と，それを支える教師の援助の在り方について考えてみる。

事例6　逃がしてあげて（5歳児　4月）

　4歳児の晩秋から「ぴんちゃん」と名付けて学級で飼っていたチョウの幼虫は，さなぎになって越冬し，動かなくなっていた。進級を機に，教師が幼児の目に付くところに移動しておくと，ある朝，羽化して容器の底でじっとしているチョウにA児が気付く。大騒ぎでみんなに知らせ，「お腹すかせているんだ」とB児と一緒に花を摘んできたり，図鑑でチョウの種類を調べたりし，驚きと喜びを表していた。

　「ぴんちゃんを幼稚園で飼いたい」とA児たちが話していたので，教師は，学級全員が集まった場で，どうするか相談してみた。すると，幼稚園で飼い続けたいと思う幼児たちと逃がしてあげたいと思う幼児たちとで，それぞれの思いを出し合い，話し合いが始まった。

　「ここじゃ，狭くてかわいそうだから，段ボールで家を作ろう」「段ボールじゃ暗いから，透き通ったシートを張れば喜ぶ」とA児たち。C児たちは「広い空を飛びたいから，生まれてきたんだよ」「花の蜜を吸いたいんだよ。ここは花がないから，お腹がすくよ」と言う。B児は，「毎日，花を摘んでくるから。水も」と，大切に飼おうとしている気持ちを話す。それを聞いてD児は，「チョウは3日で死ぬんだよ。ビニールの中じゃかわいそう」と言う。

　話し合いはなかなか終わらない。教師は，どの意見もその幼児なりにチョウのことを考えていると思い，結論を急がず，それぞれの意見を「そうね」「そう考えたのね」と受け止めた。そして，一人一人の意見を受け止める教師の姿によって，友達にはそれぞれに考え方があることを幼児たちに知らせることにした。

　C児は突然，隣に座るB児に「ねぇ，かわいそうだから。お願い。逃がしてあげて」と頼み始める。すると他の幼児も保育室のあちこちで説

得を始め，飼いたかった幼児が一人ずつ説得に応じる。最後に残ったA児もみんなにお願いされ，涙ぐみながら「いいよ」と答える。そして，ベランダからみんなでぴんちゃんを逃がし，「元気でね」「また遊びに来てね」と，飛んでいくのを見送った。

事例7　つめたーい　ポニャポニャしてる（5歳児　5月）

　降園後に教師は園庭で大きなキアゲハの幼虫を見つけ，保育室に置いておく。登園してきた幼児はその大きさに「何，これ」と興味を示す。E児は恐る恐る幼虫に触り，「キャッ」と手を引っ込める。F児は「つめたーい。やわらかいねえ」と気持ちよさそうに触る。

　幼児がそれぞれに思い思いの遊びを始めたので，教師は幼虫の容器を製作コーナーの近くに置くと，製作していたG児が突然立ち上がり，容器を覗き込む。キアゲハの幼虫が勢いよくセリの葉を食べているのが聞こえたらしい。「すごい！バリバリ食べてる！」と叫ぶ。他の幼児も集まってきて耳を澄ませ，「本当だ」「バリバリだ」と共感している。

　数日して，キアゲハの幼虫がさなぎになり始め，容器の上にくっついた。F児が気付き，さなぎに触って「ポニャポニャしてる。けど，かたいね」と昨日との感触の違いを感じている。F児は「かわいいんだよね，こいつ。くすぐったいって体を動かすんだ」と触れるが，昨日のように体をよじる動きを見せないので，F児は不思議そうな顔をしている。教師はその場にいたが，「どうしたのかしら」とだけ話し，F児と一緒にキアゲハの様子を見つめていると，他の幼児たちも集まってきた。

　約1週間後，登園するとキアゲハの羽化が始まっている。F児を中心に幼児たちは容器にしがみつき，「あ，変わった」「（殻が）取れた」「チョウになるんだ」「大変身！」「羽はまだかな」と興奮して見ていた。

　　　　数日後，クロアゲハの幼虫をⅠ児たちが園庭で見つけた。幼虫の出し
　　　た触角のにおいを吸い込み，「わぁー」と後退りする。周りにいた幼児は
　　　「臭い？」と近寄ったり「早く手を洗った方がいいよ」「そっと触らない
　　　と危ない」などと言っている。

○自然を幼児の身近な存在にし，心を動かす出会いをとらえる

　地域によって幼児を取り巻く環境は異なり，自然環境にも違いがある。自然は常に語り掛けているが，幼児は見慣れたものや興味のないものには気付かないことも多い。その季節ならではの自然と出会う体験は，幼児の心を動かし，自然への関心を高めていく。教師は，常に地域の自然環境やその変化などを把握し，幼児がそれらと出会う機会を積極的につくっていきたいものである。

　事例6では，教師は，保育室にあることが当たり前になっていた越冬したさなぎを，もうそろそろ羽化すると考えて幼児の目に付くところに移動し，出会いを待っている。A児は，さなぎが羽化していることに気付き，驚きと喜びを表している。さなぎになった幼虫が，以前に自分たちが見つけたものであり，それゆえにさなぎに心を寄せていたからであろう。大切に飼いたい気持ちを友達に伝えるB児，涙ぐみながら逃がしてあげるA児の姿に，チョウに思いを寄せる幼児の心の動きが読み取れる。

　事例7では，教師は，大きさも色や模様も違う様々なチョウ（幼虫やさなぎ）に出会えるよう，園庭にいろいろな種類の樹木を植え野菜を育てる環境をつくり，その季節ならではの自然体験を幼児の生活の中に逃さず取り込む配慮をしている。

　このようにして，幼児が諸感覚を通して生き物にかかわり心を動かす

体験を重ねることは，幼児に生命の不思議さや神秘さを感じさせ，その生態や成長などへの関心を高めていく。こうした体験は，幼児たちの科学的なものの見方や考え方の芽生えを培うことにつながる重要な体験となる。また，このような生命の不思議さや神秘さを感じる体験は，児童期以降において，「生命の大切さ」という言葉のもつ意味の深さが心にしみて分かる基盤となっていく。いずれにせよ，幼稚園生活において，幼児の生き物との偶然の出会いを生かすことはもちろんであるが，幼児が偶然に出会えるよう幼稚園の自然環境を整えることが大切である。

○諸感覚を働かせて対象と深くかかわる

　事例6では，幼児が越冬したさなぎの羽化を体験し，キアゲハの幼虫の変化や，クロアゲハのにおいを，体験を通して知っていく姿をとらえている。幼児は，よく見る，よく聞く，においを嗅ぐ，触ってみるなど，身体の諸感覚を働かせて対象を認識していく。

　事例7では，様々な種類のチョウの幼虫やさなぎに出会い，変化をとらえ，大きさ，葉を食べる音，におい，軟らかさなどから，その特徴を体験的にとらえ理解している。幼児個人の興味や関心にとどまらず，それが学級に広まり，幼児同士が情報を交換し，感動を共有している。そのことにより，なお一層幼児一人一人の興味や関心が深まり，かかわりが持続していく。ここには幼児同士がかかわり合って学び合う姿がある。もちろん，こうした背景には，教師がさなぎをみんなが気付くような場所に置く，興味をもっている幼児にかかわるなどのきめ細かな援助をしていることがある。そして，何よりも幼児たちの持続的な取組を引き出しているものは，教師自身が，わくわくどきどきしながらさなぎの成長を見守っている姿であろう。教師が興味や関心をもつからこそ，幼児も

心動かされるのである。

　自然とかかわる体験から得た身体感覚に基づいた知識は，ものごとを探究する態度と学びの意欲をはぐくみ，小学校以降の学習の基盤となる。

第3節　人間関係が深まり　　　学び合いが可能となる時期

1　友達と共に探究する

　友達との関係が少しずつ深まってくると，共通の目的や課題をもって活動することが楽しいと感じられるようになってくる。最初は，思いが伝わりやすいグループの友達と簡単な課題に取り組む中で，友達と共に活動することの楽しさや約束が分かってくる。

　例えば，年長組になったばかりの4月などは，季節の行事である子どもの日のこいのぼりの製作に，グループで取り組むことが多い。「大きなこいのぼりを作ろう」というはっきりとした目的があることで，より意欲がわき，作りたいという気持ちも強くなる。しかし，実際の活動に入ると，「どこが僕の場所？」「私は，虹の模様にするから」と，みんなで一つを作るということがなかなか理解できずにいる。そんなときは，教師が「うろこの模様をみんなで考えて，そこは同じにしよう」とみんなで考える部分をはっきりさせて伝えたり，一人一人のイメージを共通にするために，作る前にみんなで相談したりする援助をしていく。また，実態によっては，一人一人の自由なイメージで好きなところに絵をかいたものを互いに受け入れ合えるように援助をしていく。例えば，「Aちゃんの虹の下で，Bちゃんのウサギさんが，うれしそうにしてるね」などと，持ち寄ったもののつながりをつけるような援助である。

　人間関係は，ただ共に過ごすだけではより良く深まってはいかない。力関係が固定化していつも同じ幼児が自分の思いを通していたり，逆に思いを出せずに従うままだったりすることもある。それでは共に学び合

う関係はできない。このような場合，グループのメンバーや活動の内容を調整しながら，友達と力を合わせていく活動を意図的に取り入れていくことも必要である。こうした活動では，幼児同士が互いに刺激し合い，力を合わせながら活動し，満足感や充実感を味わうようにすることが大切である。また，幼児と教師が時間をかけて共に活動をつくっていくことが大切である。

　特に5歳児後半には，学級全体で一つの課題をもち，幼児一人一人が目的意識をもって意欲的に取り組む，協同的な活動を取り入れる必要もある。このような活動を通して，幼児なりにもっとこうして遊びたい，次はこうしてみようなど意欲や見通しをもち，自分たちで生活をつくり出す力を育てていくことが小学校以降の意欲的な生活態度につながっていく。

2　興味や関心が広がり深まる

　遊びが充実してくると，一人一人の興味や関心の広がりや深まりもみられるようになる。幼児同士が互いのよさを分かるようになってくると，「これは○○ちゃんに聞こう」と友達に聞く姿も見られる。また，自分で図鑑や絵本を開いて調べる様子も見られる。そうしたときに，幼児の興味や関心のある事柄に関するものが身近にあれば，それに目を向けて手に取る幼児が多いであろう。「え，何これ？」「面白いね」と興味や関心をもって寄ってくる幼児もいる。しかし，まだまだ自分で探してきて，納得がいくまで調べようということは難しいので，教師が一緒に探しに行ったり，目に付くところに置いたりすることが，興味や関心を広げ深めるきっかけになる。例えば，カレンダーの置き場所や身の回りの文字環境によっても，幼児の文字や数への関心のもち方が違ってくる。教師

は，環境を構成をする際に，特に意識して環境の中に教育的な価値を含ませ，幼児が様々なものに興味や関心を広げ，深めていくことができるように配慮していくことが大切である。

また，できるだけ本物に触れ，自由に触れたりかかわったりという実体験ができるようにもしていきたい。飼育物と触れ合ったり世話をしたりすること，栽培物を育てたり収穫したりすること，園外保育，地域の様々な人とかかわる機会などは，あらかじめ年度当初に計画しておかなければ体験できないものであるので，各幼稚園の実態に応じて適切に取り入れていくことが必要である。

3　自分に気付く

　幼稚園生活で教師や友達と過ごす楽しさを十分に感じ，友達から受け入れられていることを実感していくことにより，幼児は安心して自己を発揮していく。特に5歳児後半頃になると，学級の中での自分の存在感や他者からの評価をも感じ取り，様々な自分と出会うことになる。

　例えば，友達とのかかわりが密になり，友達のよさがだんだん分かってくるという姿がある。最初は，ボール投げが上手，踊りが好き，走るのが速いといった技能的なことや表面的なことでの評価であったものが，だんだんと困ったときに優しくしてくれるなど，心情面や態度の面にも気付き評価をしていく様子が見られる。もちろん，よい評価ばかりとは限らない。人に命令ばかりしてるのに自分はしない，内緒にして欲しいことなのにすぐ言ってしまうなど相手の行動を取り上げて言い合うこともある。自分の思いが言葉で表現できるようになったこと，友達と言い合える関係ができていることからである。互いに主張し合いながら関係

を深めることを大事にしたい。

　こうして，自分が友達や教師などから認められたり，指摘されたりしたことが，自分を知るきっかけにもなる。認められたことは自信となり，もっとがんばろうというさらなる意欲へとつながっていく。一人一人の幼児が，自信をもち自分を好きになれるように，幼児理解に基づいた適切な援助をすることが大切である。

4　小学校への期待

　「もうすぐ，小学校だね」と周囲から言われるようになる頃，期待に胸がふくらみわくわくしている様子が見られる。しかしそんな中，浮かない表情の幼児もいる。たいてい，「給食が食べられないかもしれない」「勉強が分からなかったらどうしよう」と，自分で何が心配なのか自覚し，先回りをして不安になることが多い。一人一人の不安にこたえていくとともに，事例のように幼児が実際の小学校生活に触れながら，安心して入学できるようにしていきたいものである。

　自分は大きくなったという実感や，こんなこともできるという有能感や自信が，自分はこんなことがしたいという意欲へ，さらに，環境の変化に順応していくたくましさなど，どれも，幼児に身に付けさせたい力である。

　小学校との連携が可能であれば，幼児と児童との合同の活動を行うことで安心感をもつ。また，幼稚園，小学校の双方の教師が互いの教育内容について関心をもち理解することが重要である。そのためには，幼稚園と小学校の教師が話し合い，できるところから様々な交流を計画し実践して評価を重ね改善を加えていく必要がある。

──── ルールのある遊びを楽しむ ────

5歳児

　大勢の同年代の幼児が集まる幼稚園だからこそできる遊びの一つに，集団で行うルールのある遊びがある。入園当初から行われる鬼ごっこや簡単なゲームの中で，幼児は，友達とかかわる楽しさ，一緒に動く心地よさ，友達の動きに対応して考えたり動いたりする面白さなどを味わう。少子化が進み，また地域の中での安全な遊び場が減少している社会環境の中では，幼児が幼稚園において，一定のルールに基づいて大勢の友達と一緒に遊ぶ経験は貴重である。

　最近では，家庭や地域において幼児がルールのある遊びを経験することは少ないため，教師の方から誘い掛けてルールのある遊びを始めることが多い。特に，集団生活の2年目や3年目になると，学級全体の活動としてルールのある遊びを楽しむこともある。ルールのある遊びは教師の誘い掛けで始まっていても，幼児たちは繰り返し遊ぶ中で，次第に自分たちの遊びの一つとしていくことが多い。そこには，幼児にとって，一定のルールの下で友達とかけひきをしたり競い合ったりして遊ぶ楽しさがある。

　幼児は，こうしたルールのある遊びを仲間と楽しむことを通して，仲間の一員としての役割意識をもって行動することの喜びを感じたり，人間関係を広げたり深めたりすることができる。

　事例1では，教師が誘い掛けをして始まった鬼遊びが，繰り返し遊ぶ中で，幼児たちの遊びとなっていく過程をとらえている。また，こうし

た仲間との遊びの中で幼児の心が育つ姿もとらえている。この事例では，ルールのある遊びを通して幼児同士がかかわり合って育つための指導の在り方について考えてみる。

事例1　海賊宝取りしよう（5歳児　6月～1月）

＜Bちゃん，ルールは守ってよ＞（6月）

　体を動かす心地よさを味わったり，ルールに沿って動いたり遊び方を考えたりしながら，友達との遊びを楽しむことができるようにということをねらいにもって，4歳児から「助け鬼」を楽しんできた。

　5歳児になると単純な遊びのルールでは物足りなくなってきたので，教師は，幼児同士がかけひきをしながら助け鬼を楽しめるようにと思い，助け鬼に新しく宝取りの要素を加えた「海賊宝取り」をすることにした。

　初めは，教師が宝となる赤玉を提示して，宝島から宝を取る海賊チームと宝を守る宝島チームに分かれて遊ぶ遊び方を説明する。幼児たちは新しい助け鬼に興味をもち，毎日のように自分たちで線を引き，海賊宝取りで遊ぶようになる。

　B児は，自己主張が強いため，友達とうまく遊べないことがある。B児がA児たちに仲間入りをしようとすると，「いいよ。でも，Bちゃん，ルールは守ってよ」と念を押される。しかしB児は，相手を捕まえようと腕をつかんだり，自分が捕まえられても認めなかったりして，結局，泣く幼児や怒る幼児が続出する。「捕まえるとき，痛くしちゃだめ。タッチだよ」「Bちゃん，タッチされたら，相手の陣地に入るんだよ」「Bちゃんを連れて行こうとしたらたたくんだもん，嫌だな」「私は，自分で歩いていけるから，Bちゃん，無理やり引っぱらないで」と，B児の周りにトラブルが続出する。

B児は遊びのルールをよく分かっていないようである。教師は，タッチの仕方や陣地への行き方などのルールをB児と一つ一つ確認することにした。するとB児は，「だって，捕まりたくないんだよ」と，自分の気持ちを素直に話す。A児は「大丈夫だよ，助けに行くから。『助けてー』って呼んで」と言う。海賊宝取りを再開する。B児はまだまだ荒い動きもするが，捕まっても友達が必ず助けに来てくれることが分かると，捕まることも面白くなり，捕まっては大声でうれしそうに助けを呼んでいる。仲間との遊びの面白さが分かってきたようだ。

＜海賊は五人にしよう＞（7月）

　ある日，C児が「海賊はすぐ捕まるからつまらない」と言い出す。A児も海賊を捕まえるのは楽しいが，すぐに遊びが終わってしまうので，つまらなさを感じていた。教師が「難しくしようか。宝を守る人を少なくしてみたらどうかな」と提案してみる。走ることに自信のあるA児は「いいね」と言い，みんなも認める。

　幼児たちは何度も繰り返して遊ぶ中で，宝島と海賊の人数のバランスを考えるようになり，「今日はたくさんいるから，海賊は五人にしよう」「ずるいよ。そんなにいたら，お宝取れないよ」「今日は三人がいいよね」などと，遊びを面白くするために人数について話し合っている。C児もすっかりその仲間の一人となっていた。教師は，幼児たちの話し合いがうまくいっているので，直接には入らず，少し離れた場所からその話し合いの様子を見守ることにした。

＜作戦会議しよう＞（1月）

　1月になると，友達と共通の目的をもって，互いの持ち味を生かした

り相談したり協力したりしながら自分たちで遊びを進めていく幼児の姿がみられるようになってくる。海賊宝取りのゲームは，幼児の間で繰り返して遊ばれ，遊び方にも少し変化がみられるようになってきた。
　D児は「お宝を取って手に持ってても，自分の陣地に入る前にタッチされたら，捕まることにしよう」という提案をする。今までは宝を持って逃げるときは捕まえてはいけないルールだったが，D児はもっとスリルを楽しみたくなってきていた。D児は，「だって，お宝持ってゆっくりしてるのつまんないよ」と言う。D児の言葉に他の幼児も興味をもち，新しいルールにして遊び始める。
　E児とF児は，相談して一緒に宝を取りに行くことにした。A児は二人の動きにとらわれて動けない。そのすきをついてE児が宝を取り，大喜びで戻る。教師が「いい作戦だね」と言うと，二人は満足顔だった。その後，幼児たちの中から，作戦会議という言葉が生まれてくる。誰かが「作戦会議」と声を掛けると集まる。「僕が速いからお宝を取りに行くよ。そうしたらA君が追い駆けてくると思うから，その間Cちゃんが宝を取って逃げてよ。僕がA君を陣地の遠くに連れて行くから」「僕一人より，二人でねらった方がいいんじゃない。二人いっぺんには捕まえられないでしょ。僕が取れなかったら，Eちゃんが取ってよ」等，それぞれに相手の動きを予想して自分たちの動き方を決めている。教師が近づくと，「先生，僕たちの作戦，他の子に教えないでね」と念を押されてしまった。作戦通りにはなかなかいかないが，一人一人が相手と味方の動きや宝の場所などを見ながら動いたり，合図したりして，陣地間を走り回っていた。

○仲間の一員として行動する中で育つ心

　鬼遊びは，普段は一緒に遊ぶことの少ない幼児同士でも，互いに受け入れて一緒に遊ぶことができ，そこに様々な友達との出会いがある。しかし，遊びのルールやじゃんけんによる勝敗などの，自分の意思にかかわらず従わなくてはならない要素もある。事例1のB児のように，自己主張の強い幼児は，なかなかうまく遊べずいざこざになることもある。しかし，こうしたいざこざを重ねながらも，繰り返し遊ぶ中で，一定のルールに沿って動いたり，仲間の一員として動いたりすることの楽しさが感じられるようになっていく。友達に助けてもらえる喜びや助けてあげる喜びを味わう，仲間と力を合わせ作戦を立てて遊ぶ，相手チームとのかけひきをして遊ぶなどの多様な経験を通して，幼児が，友達と一緒に遊ぶ喜びや，そのためには守らなくてはいけないことがあることなどに気付いていく。ときにはB児のように，次第に自己抑制しようとする心も芽生えてくる。

　しかし，ルールのある遊びを単に繰り返すだけで心が育つわけではない。まずはチームが勝つという目的に向けて，幼児なりに力を合わせたり作戦を立てたりして，仲間の一員として行動することの喜びを実感することが大切である。このため，仲間として互いの言動や気持ちを認め受け入れ合えるような，幼児同士のかかわりを育てていくことが大切である。

　こうしてルールのある遊びの特徴を生かし，幼児が一定のルールの下で自分の気持ちを抑制して行動しながら，仲間とつながる喜びを実感できるように意識して指導することが必要である。

○自分たちでルールをつくり変える，作戦を練る面白さを体験する

　ルールのある遊びには，それぞれに基本的な遊び方やルールがあるが，事例1のように，発達の時期や遊びを通して育てたいことにより，遊び方やルールを変えていくことも面白い。どういうルールにしたらよいかについては，幼児の発達や実態（興味やルールを理解する力，体力，人数等）を踏まえて考えていく必要がある。

　その際，幼児に初めからルールを理解させるのではなく，幼児が遊びながらルールを理解したり，互いのルールの解釈の違いに気付いたりすることを大切にしたい。教師は，幼児一人一人が何を楽しんでいるのか，あるいは何につまずいているのかを把握し，いざこざが生じて幼児同士でルールを共通にしなくてはならない場面をとらえて，仲介する援助を行う必要がある。

　事例1では，作戦会議の回数を重ねるうちに，幼児たちは，自他の動きや考えに気付き，次第に目的意識や仲間意識をもつようになってきた。初めの作戦会議では，自分の力や考えを一方的に主張し，友達に対して要求ばかりしていた。しかし，作戦会議を繰り返しながら遊ぶ中で，次第に，自分だけが走り回ってもチームは勝てないことに気付いていく。仲間と力を合わせて，仲間の力を生かした方が勝てることが分かり，目的を達成するための自分の役割が考えられるようになる。作戦の面白さ，自分たちがルールをつくり変えていく面白さを仲間と共感できるようになるのである。

　このように幼児たちが遊びを自分たちのものにしていくためには，教師が，幼児が仲間の一員として行動することを支え，幼児同士のかかわりを深める視点から指導を考えることが大事である。

―― 当番活動をする ――

5歳児

　年長組に進級すると、幼児は幼稚園の最年長であることを意識するようになり、進んで小さい組の世話をしたり、教師が飼育動物の世話するのを手伝ったりして、はりきって幼稚園生活を送る様子がみられる。こうした世話や手伝いを通して、幼児自身が大きくなった自分を実感するようになるとともに、幼児なりに人の役に立つ喜びを味わうようになる。

　当番活動を展開する際には、「当番だからやらなければいけない」と、幼児に役割意識をもたせることから始まるのではなく、大きくなることを期待したり、大きくなった自分を意識したり、また、幼児なりに人の役に立つ喜びを味わったりするなどの幼児の心の成長に沿って、その内容や方法を工夫し、幼児自らが進んで行えるようにしていきたいものである。

　事例2は、5歳児が、年長組の新たな保育室の環境の中で、お休み調べのカードを見つけて当番活動を始めたばかりの幼児の姿をとらえている。当番活動の中で、人数を数えたり合わせたり、数字を見つけたりする、数との新鮮な出会いが、当番を進んで行うことにつながっている。

事例2　お休み調べをしよう（5歳児　4月）

　進級時、教師は、幼児たちの年長組になった喜びにこたえて、年中組のときにはなかった物を保育室に置きながら環境の構成をした。その一つに、幼稚園全体の欠席を調べて記入するカードがある。教師は、幼児がお休み調べから当番の仕事に関心をもつようになることを期待し、保育室の黒

板の横に「おやすみしらべ」の表示をし，その下に幼稚園の全学級のカードを下げておいた。さっそく始業式当日，幼児たちはそれに気付き，昨年の年長児がお休み調べをしていたことを話題にしていた。翌日，登園後の身支度を終えたA児が，「先生，お休み調べをやりたい」と教師に言いに来る。それを聞いて，「僕も」「私も」と，お休み調べに関心をもった幼児たちが集まってきた。

　昨年の年長組の当番が，毎日，自分たちの保育室にお休み調べのカードを持ってきて人数確認していたので，A児には，何をどうするかだいたい分かっているようだ。教師がまず自分の学級の欠席数を記入し，そのカードをA児に渡す。教師が「お願いね」と言うと，A児は他の幼児を誘い，はりきって年少の学級に行こうとする。教師が「最後に職員室に持って行ってね」と言うと，「大丈夫。ずっと前の年長さんに教えてもらったから」と自信をもって答えていた。

　A児たちが年少の学級に行くと，年少の担任は「今日のお休みは，○○ちゃんと○○ちゃんとで二人だから2」とゆっくりと言いながら，A児たちに分かるように，カードに欠席の名前と男女別の人数を記入している。A児たちは，その様子をじっと見ていた。

　全学級を回って欠席数を記入してもらい，職員室の前にある，幼稚園全体の欠席数を記入する表示板のところに行く。表示板は学級ごとに，男女それぞれの欠席数をマグネットで作った数字を置くことで表示するようになっている。そこには幼稚園全体の欠席数も表示することになっている。A児たちが職員室に行くと，教頭が「ご苦労様」と迎えてくれた。年長組担任と教頭は当番の幼児への対応については，あらかじめ話し合っていたようである。教頭は「○○組さんは何人お休み？」「男の子は何人お休み？」と幼児たちに一つ一つ聞きながら人数を確認し，その人数を表す数

字を幼児たちと見つけ、お休み表示コーナーに数字をはっていく。最後に、教頭が、「○○組さんは男の子二人と女の子一人だから合わせて三人だから3」と指で指しながら合計の数字をはっていった。A児は、教頭が指で指した後をなぞっている。合計の意味を確認しているようだ。

　その後1週間は、同じようなやり方でお休み調べを行っていたが、関心をもつ幼児が増え、誰がお休み調べをするかが問題になってしまった。幼児たちと相談し、当番を決めて順番に行うことにした。

　A児は、2回目の当番のとき、教頭が合計数を表示する際、「僕も、やってみたい」と言い、指を折って数え始めた。教頭も一緒に数えると、B児もC児もつられて「1、2でしょ。3、4でしょ‥」と指を折りながら数え始めた。ところが、三人の人数は食い違い、何度か数え直す。「Cちゃん、どうやって数えた？」と互いに数え方を確認すると、C児が各学級のカードに記された数ではなく、カードの枚数を数えていたことが分かり、やっと男女それぞれの合計数が出る。教頭が、「すごいね。合っているよ」と言うと、自分たちでできたことを素直に喜び、得意そうに合計数の数字をはっていた。

　「合計を表示する」という経験が、A児には興味深いことだったようである。合計を数えて表示することがやりたくて、自分が当番になる日を楽しみにしている幼児もいる。教頭は、こうした年長児の当番としての意識や、数字に対する興味や関心に応じていきたいと思い、幼児たちがお休み調べのカードを職員室に持ってくる時間にはできるだけ表示板のところで待つようにした。

○大きくなった自分を意識することから，当番活動が始まる

　幼児たちが展開する様々な活動を見ていると，年長組が行っている活動に刺激を受け，それを自分たちの活動に取り入れて同じような活動を展開することがよくある。年少の幼児にとって，年長組は憧れであり，自分たちの活動のモデルである。このお休み調べも，年中児にとって憧れの一つであったようである。年長組になってはりきってお休み調べをする幼児の姿から，年長組への憧れの気持ちや自分が年長組になった喜びを読み取ることができる。

　幼児自身が大きくなった自分を意識することが，進んで当番活動をすることにつながっている。こうした主体的な取組から，次第に当番としての役割意識をもつようになることにつなげていきたいものである。

○数との新鮮な出会いが，実りの多い活動を引き出す

　これまでは友達が休むと「○○ちゃんと○○ちゃんがお休み」と表現していたが，お休み調べで幼児は「男の子が二人休み，女の子が一人休み」と，数で欠席を表すことを知る。幼児にとって，「男の子が二人」と対象者を数に置き換えて言うことは，これまでの生活にはなかった。つまり，幼児を取り巻く生活にはいたるところに数字があふれているが，その数字が自分の生活の中で，ある意味をもつものとして存在していることをあまり意識していなかった。この意味で，お休み調べは，幼児にとって，数との新鮮な出会いであったようである。

　こうした幼児の数との新鮮な出会いは，幼稚園生活の中で偶然に起きた出来事のように見えるが，必ずしもそうではない。幼児の当番活動の展開を予想し，そこで幼児が数とかかわる経験ができるようにと願い，教師間で協力体制をつくりながら援助した結果生まれたものである。幼

児は数との新鮮な出会いを経験することで，その必要性や意味を感じ取り，生活の中で興味や関心をもって数を使うようになっていく。幼児の興味や関心を広げていく教師の援助が実り多い活動を生み出し，数にかかわる感覚が生活の中で培われていくのである。

　またその後，このお休み調べの当番活動では，休んだ友達への思いを寄せて，学級のお休みカードの名前を読んだり，カードに名前を書いたりすることも，活動の内容となっていった。生活の中で，幼児自身が必要を感じて文字を書いたり数を使ったりする経験こそが，小学校以降の学習の基盤となっていく。

―― 協同的な活動を楽しむ ――

5歳児

　幼児は，友達との様々なかかわりの中で多様な経験をし，相互によさを認め合い，友達と異なる自分のよさに気付き自我を形成していく。この意味で，幼児期の教育では，友達とかかわり合って活動する場面を多様に考えていきたいものである。特に，仲間意識が育ち関係が深まる5歳児後半には，学級全体で共通の目的をもって活動することや，仲間と役割を分担したり協力したりして目的に向かって活動する協同的な活動を取り入れていきたい。こうした活動を経験することを通して，友達とかかわり合って学ぶ楽しさを実感することで，学級全体の学び合いを中心とする活動を楽しみ，小学校以降の生活や学習の基盤が培われていく。

　事例3は，お化け屋敷を作る五，六人のグループが，協同して活動する場面をとらえている。友達と一緒に一つのものを作る活動を通して，幼児が，みんなで協力し合うことの楽しさや，その中で自己を発揮する喜びを味わうことができるようにする指導の在り方を考えてみる。

事例3　お化け屋敷作り（5歳児2学級合同　11月）

　遊園地への遠足の後，その共通体験をもとに，5歳児2学級の合同活動として「ゆうえんちごっこ」を計画する。五，六人のグループに分かれてそれぞれのグループごとに，メリーゴーランドやお化け屋敷などの遊園地にあるものを作って遊ぶ。全体で8グループに分かれる。活動を進める際には，自分勝手に進めずグループの友達と相談することを約束

する。また，保護者や年中組，年少組の招待などは日程が決まっているので，幼児にはあらかじめ完成の時期を知らせ，見通しをもって取り組めるようにしておく。

> ねらい
> ・学級の共通の目的に向かい，グループの友達と相談し協力して活動する充実感を味わう。
> ・友達のよさに気付き，互いに受け入れ合って活動する中で，一人一人が考えたり工夫したりして自分の力を発揮する。

＜活動の流れ＞

《1日目》全体活動	《2日目〜8日目》	《9日目》全体活動
・何を作るか相談 ・作りたいものに沿ってグループ分け ・遊園地の設計図をかく	グループ活動 ・材料を選択 ・相談しながら製作	・遊び方の相談 ・案内図，切符作り　看板作り

《10日目》 全体活動 ・年中児招待	《11日目》 全体活動 ・年少児親子招待 ・年長児保護者招待

＜そうだ，いいこと考えた（6日目）＞
　お化け屋敷の壁面作りが終わり，いよいよお化け作りが始まる。A児は，どのようなお化けを作るのかなかなか決まらない。なんとなく厚紙を手にして色付けをしたものの，お化けらしくない。A児自身も満足していない様子。教師も，A児はよいアイディアも，それを実現する力も

もっているので，もっと工夫して欲しいと思う。A児が，作ったものを教師のところにもってきた際,「ぜんぜん，怖くない」と言ってみる。

　教師の言葉を受けて，A児はしばらく考え込む。A児は,「そうだ,いいこと考えた」と空き箱にビニール袋をはり付け，箱を開けるとお化けが飛び出す仕組みを思いつく。面白い。A児の目も輝いている。しかし，なかなかうまくいかない。そこで教師は，袋にストローをつけるやり方を知らせ，空き箱に穴を開けてストローを通すのを手伝う。最後にA児は，ビニール袋にお化けの顔をかき，何度も袋に息を吹き込み，でき具合いを確認していた。

　片付けの後，学年全体で集まり，各グループが進行状況を報告し合う。お化け屋敷グループは，各自が作っているお化けを手にして報告する。A児がお化けをふくらませると，みんなが「へえー」と歓声を上げる。A児は，とりわけうれしそうである。その表情は，充実感に満ちている。

＜わざとじゃないんだけど，謝らない（8日目）＞

　B児が空き箱や空容器を組み合わせてお化けを作っている。近くでお化けを作っていたC児は，後ろに下がった拍子にB児のお化けを踏みつけてしまう。B児は「あっ，謝れよ」と怒る。C児はしまったと思うが素直に謝れず，しばらく黙っている。そして「『謝れよ』とか言われると，謝りたくなくなるんだよね」とB児に言い返す。

　B児は教師に「わざとじゃないんだけど，C君が僕のお化け壊して謝らない」と訴える。教師が「わざとじゃないのね」とC児に聞こえるようにB児に確認する。C児は，B児と教師の会話が気になり，背中で聞いているようである。C児自身，どうしようか悩んでいる様子。

　「もう一度C君に言ってみたら？」と教師に促されたB児が，C児に

「謝ってよ」と言う。少しの間をおいて，C児は「ごめん」とつぶやく。

その後，お化け作りは進む。B児とC児は，さっきのトラブルなどなかったように一緒に活動する。

＜お化け屋敷の名前の相談（9日目）＞

お化け屋敷の名前を相談する。D児は『年長さんがつくったおばけやしき』を提案する。それを聞いたB児やC児は「年長さんがお化けになるから，ばれちゃう。だから嫌だ」と言う。その意見を聞いて，D児は更に考えて，『みんながつくったおばけやしき』と紙に書く。B児は，最初に反対したが『年長さんがつくったおばけやしき』がよくなり，C児たちと『年長さんがつくったおばけやしき』を推す。B児たちがじゃんけんで決めようとするが，D児はじゃんけんでは決めたくない。D児は孤立してしまう。うつむいて，全身でじゃんけんで決めたくないことを表している。教師は，D児の気持ちがよく分かり「Dちゃんは，じゃんけんでいいのかなあ」と，みんながD児の気持ちに気付くように言う。D児は首を振る。すると，C児が両手を合わせ「じゃんけんにして」とD児に頼み込む。「C君はDちゃんにお願いしているのね」と教師が言うと，他の4人も拝むように両手を合わせてお願いする。一気に緊張した雰囲気が和らぐ。D児の頬が次第に緩んでくる。

五人がD児に注目する中，教師が再度「Dちゃん，じゃんけんにしていい？負けても我慢できる？」と尋ねると，D児はしっかりとうなずく。それを見てB児は「すごい」と声を上げ，仲間からは拍手が起こる。

じゃんけんの結果，『年長さんがつくったおばけやしき』になる。幼児たちは，「やったー」「決まった」と言い，全員がにこにこしている。互いの気持ちが分かり合えたようだ。

○協同的な活動を通して，友達のよさに気付き，自分に気付く

　この時期に協同的な活動として共通の目的に向かって学級全体で活動することを取り入れていく理由は，友達と力を合わせて一つの活動に取り組む中で，幼児一人一人が自分のもてる力を十分に発揮し，友達とかかわり合って活動することや，かかわり合って学ぶことの喜びを実感することにある。このため教師には，幼児一人一人への理解を深め，幼児がもてる力を十分に発揮する場をつくっていくことが求められる。

　例えば，Ａ児には，いいアイディアをもちつつも自信がなく，主体的に行動できないところがある。そこで教師は，Ａ児の話し掛けに対し，あえて「ぜんぜん，怖くない」と答えてみた。この教師の言葉によってＡ児は決断し，作り直すことにつながっている。Ａ児らしい取り組み方である。学級の友達に認められる経験が，Ａ児の自分への信頼，自信をもたらしたと思われる。

　また，Ｂ児とＣ児との葛藤（かっとう）場面も面白い。Ｃ児自身，すまないことをしてしまったと思っている。しかし，わざとではないのだから，それを分かってくれないとすぐには謝れない。その気持ちが高ぶり，つい言い返してしまった。Ｃ児は，気まずい雰囲気を感じつつも，自分ではどうしようもない。だが教師とＢ児とのやり取りを聞き，先生は，自分がわざとやったわけではないことを分かってくれていると気付く。数分の沈黙が続く。この間，Ｃ児は，自分と向き合う。「やっぱり自分から謝るしかないかな」と思うようになる。「先生は，僕のことを分かっていてくれる」という安心感から，Ｃ児が素直に自分と向き合うことができていく。

　こうした協同的な活動では，幼児が目的を実現していく上でいろいろ困難なことがある。友達との間の葛藤（かっとう）や，自分自身の中でのジレンマであったりする。それらは，協同的な活動であるがゆえに起こる葛藤（かっとう）であ

りジレンマである。それは幼児が成長するためには大切な指導場面でもある。

　すなわち，幼児がこうした場面を乗り越えて成長していくためには，幼児一人一人に対する深い幼児理解と発達を見通した指導が必要である。このような場面では，みんなと一緒にうまく活動を進めることや，できばえを優先してしまうことのないようにしたい。協同的な活動を通して育てたいことは，幼児一人一人が自己を発揮していくことであり，友達のよさを受け止め友達とかかわり合って学ぶ楽しさを実感することであることを忘れてはならない。

○話し合いを通して，互いに理解し合う

　協同的な活動を進める際には，幼児同士の話し合いの場面を大切にしたい。話し合いにおいて，幼児一人一人が活動の目的を確認し，友達と共有することが大切である。この時期の幼児は，気の合う仲間同士では，互いの気持ちを分かり合って一定の話し合いをすることが成立するが，グループの人数が多くなったり，活動が学級全体に広がっていったりすると，自分の考えを言う，友達の考えを聞く，みんなで一つの考えにするなどのことができにくくなる。一見，話し合っているように見えていても，実際には，特定の幼児によって進められていることもあり，話し合いが成立するためには教師の援助が必要となる。

　事例3の9日目のお化け屋敷の名前を決める場面でも，一時，D児が孤立してしまった。D児が，うつむくという仕草で，体全体を使ってじゃんけんで決めることに反対しているにもかかわらず，周りの幼児はそれに気付かない。教師が中に入り，「Dちゃんは，じゃんけんでいいのかなあ」と投げ掛けることで，周りの幼児は初めてD児が反対であること

に気付いたようである。2学級合同の活動であるからこそ,幼児一人一人が納得し,しかも共通の目的に向かって活動するためには,その間をつなぐ教師の存在が重要となる。

―― 小学生との交流を通して興味や関心が広がる ――
5歳児

　幼児にとって小学生との交流活動は新鮮であり，未知なるものに興味や関心をもつよい機会となる。特に，幼稚園の生活や環境をよく知り，どこでどういう遊びができるかがよく分かっている5歳児後半の時期の幼児にとっては，小学生との交流活動で体験する様々な出来事はとても新鮮なものとして受け止められる。そして，幼児の世界を広げ，その後の幼稚園生活に影響を及ぼし，幼児にとって飛躍の場となる。また，小学校1年生にとっても，自分より年少の子どもとのかかわりは，人間関係を学ぶよい機会となる。さらに，小学校との交流活動は，小学校の生活や環境に触れたり親しんだりする大切な機会となり，小学校教育への移行が滑らかなものとなる。このような意味で，この時期には，小学生との交流活動を取り入れていきたいものである。
　事例4は，小学校1年生の生活科学習「さつまいもプロジェクト」に，幼稚園児が参加し，交流活動として実践したものである。交流活動を行うに当たっては，時間や場所，内容などについて，小学校1年生の担任と十分に話し合って共通理解を図り，互いに実り多い活動となるように配慮している。

事例4　さつまいもプロジェクト
　　　　　　　（幼稚園5歳児と小学校1年生の合同　10月）
　幼稚園では，草花や野菜の栽培をしながら水や命の大切さ，植物の成

長などについて学んでいく。また，ままごと遊びをしたり，収穫した野菜で実際に料理をしてもらったりしながら，食べることの楽しみやみんなと協力することの大切さを学ぶ。一方，小学校低学年の生活科の学習でも，草花や野菜を育てたりしながら，植物を育てることへの関心・意欲・態度を高めたり，それらが成長していることや，生命をもっていること，世話の仕方などについての気付きを広げたり深めたりする。幼稚園5歳児と小学校1年生，それぞれのねらいに共通点，相違点はあるが，これらの活動を5歳児と1年生とが交流しながら行うことで，5歳児も1年生も栽培活動への興味や関心を一層深め，異年齢とかかわることの楽しさを味わい，大切さに気付いていく。この交流活動のねらいは，次に示すとおりである。

幼稚園5歳児のねらい
・サツマイモを収穫することを通して，友達や1年生と協力することの楽しさを味わい，大切さを学ぶとともに，1年生のものの見方や考え方に触れ，数や重さへの興味や関心をもつ。

小学校1年生のねらい
・サツマイモを育てる活動を楽しみ，植物が成長すること，生命があること，世話の仕方について学ぶとともに，友達や5歳児とかかわりながら人や環境への気付きを広げたり深めたりすることができる。

　6月に，1年生と一緒に耕した畑にサツマイモの苗を植えた。10月になり，合同での収穫をすることになる。4月からペアを組んで活動を共にしてきた1年生と，「こんなに大きくなるんだなあ」「あっ，虫も一緒に取れた」などと会話をしながら収穫していた。

収穫したサツマイモは，幼稚園の遊戯室に広げた大きなビニールシートの上に，グループごとに並べた。「わぁ，たくさんとれたね」「大きなサツマイモや小さなサツマイモが，混じっているよ」「こっちのサツマイモには，土がついてる」「赤ちゃんのサツマイモを見つけたよ」などの楽しそうな会話があちこちから聞こえてくる。1年生と一緒に大きなサツマイモと，中位のサツマイモ，小さなサツマイモなどに分けたりしながら満面の笑みを浮かべている幼児もいる。こうした幼児の姿を見ながら，1年生も，サツマイモの収穫を楽しんだり，幼児の言動を温かく見守ったりする様子が見られた。

　やがて，ある1年生から，「たくさんとれたサツマイモを，どうやって分けようか」という話題が持ち出された。すると，「同じ数に分ければいいんじゃないの」「でも，大きさがちがうから，分けるのはむずかしいね」「うん，大・中・小ってあるから」「じゃあ，大・中・小の三つに分けて，その後で分ければいいんじゃないの」という話し合いがなされ，それぞれに数を数えることになった。1年生の担任の話によれば，ちょうど算数科で学習している「ものの個数を数えることなどの活動」とサツマイモの分けっこがうまく重なったので，子どもたちがどう解決するのか，様子を見ることにしたそうである。

　「このサツマイモは，大かなあ，中かなあ」と大きさの分類で悩んでいる子どももいれば，「16と12と9をたすといくつかな。むずかしいなあ」と言いながら計算をしている1年生もいる。鉛筆と紙を持ち出してきて，計算を始める1年生の姿を見て感心している幼児と，少し自慢げに計算をしてみせる1年生の関係がうかがえた。

　あるグループでは，1年生同士が議論をしている様子を幼児がじっと見つめている。「これは中よ。長さがこれと同じだもん」とA児が言うと，

「違うよ。絶対小さい。こんなに細いじゃないか。だから小だよ」とB児が答える。長さを大きさの特徴として主張するA児と太さや重さで大きさを主張するB児。シートの上に並べたこのグループのサツマイモは小さめのものが多かったので，中と小の微妙な大きさの違いでもめている。5歳児は，この議論を少し困ったような表情で見ていたが，口を挟めないでいる。5歳児担任が，「今，1年生のお兄さんとお姉さんは，このサツマイモが中位の仲間か，小さい仲間かを話し合っているんだよ」と言うと，幼児は，「ふうん」と言いながら，その真剣な雰囲気に圧倒された様子で二人を見つめていた。

　一つのことに集中して真剣に議論する姿は，幼児の目に新鮮に映ったようである。しばらくして1年生の中か小かの議論は，小ということでおさまった。

○5歳児が小学校の学習を楽しく経験する

　サツマイモを植えた畑は，小学校舎と幼稚園舎との間にある。幼児と児童が一緒に，小さな一輪車やスコップ，バケツなどを使って土を掘ったり運んだりしたため，自分たちが育てたサツマイモという意識がとても強い。水やりも再々行っていた。また，サツマイモを並べたり数えたりする活動は幼稚園の遊戯室で行ったため，幼児にも緊張や抵抗は感じられなかった。畑を耕す段階から1年生担任と相談を重ね，幼児と児童そして双方の教師が一緒になって活動を進めてきた。

　サツマイモを大きさによって分類する活動では，幼児は，1年生と一緒に活動することで，多い・少ない，大きい・小さい・中位，長い・短い・重い・軽い等，数量にかかわる様々な体験をしている。幼児にとってこうした体験は，これまでの生活で自分なりに使っていた言葉が，相

手との関係の中で一つ一つ吟味されて使われていることに気付くことになり，言葉のもつ意味を改めて知る機会となっている。また，1年生同士が，一つのことについて互いの意見を出し合って真剣に議論する姿も，幼児にとって，小学生の学習の姿に触れるよい機会となっている。

○１年生にとっても実り多い活動となる

　一連の活動の中では「こんなに大きくなってるなんて驚いたね」「サツマイモって，こんなにでこぼこしてるんだね」「それは重そうだから僕が持つよ」などの収穫を喜んだり楽しんだりする会話が聞こえてきた。春に植え，夏から秋にかけて世話をしたサツマイモを５歳児と一緒に収穫することで，１年生はこれまでの活動を振り返ったり，新たな発見や気付きをしたりすることができた。

　小学校の中だけで考えていると，１年生はいつも高学年のお兄さんやお姉さんに世話をしてもらい，自分でできることもやってもらうなど甘えてしまうこともある。この交流活動のように自分より年下の幼児とかかわることにより，自分のことだけでなく，幼児を気遣ったり手をさしのべたりする姿が見られるようになった。

　生活科は，もともと生活の中から価値や課題を見いだし，様々なことを総合的に学ぶ教科である。幼児との活動を通して相手の気持ちを考えたり，実際に気遣う行動をしたりするなど，人とかかわることの大切さや，かかわったときの満足感や充実感を，より深く味わうことができたのではないかと考える。

　また事例にあるように，幼児と一緒にサツマイモの数を数えたり重さを量ったりすることで，算数科につながる内容を生活と結び付けて体験的に学ぶ状況も生まれてくる。他にも幼児の知らないようなことを説明したり，分かりやすく伝えたりしようとすることで，教科の学習で学んだことを振り返ったり役立てたりすることができるようになる。

　招待する，訪問するのようなイベント的な活動ではなく，春から一緒にサツマイモの苗を植えたり，一緒に収穫したりする具体的な交流場面があったからこそ成立した学習であった。

── 小学校に憧れや期待をもつ ──
5歳児

　幼稚園修了間近な5歳児は，幼稚園生活を満喫しながらも，少なからず小学校への憧れや期待を抱き始める。日常の遊びの中で文字や数の表示や表現への関心が高まり，学校ごっこなどで小学校の教室場面を再現したりすることもある。このような時期に小学校の生活や学習を視野に入れて活動を展開することは，幼児の発達や成長を考えて必然的なことである。また，小学校との交流活動は，小学校の生活や環境に触れたり慣れ親しんだりするための大切な活動となり，小学校への滑らかな接続を図ることにつながっていく。

　事例5は，幼稚園5歳児が小学校1年生の生活科「学校探検宝物オリエンテーリング」に参加し，交流活動を行ったものである。交流活動のねらいと展開は，次に示すとおりである。

事例5　学校探検宝物オリエンテーリング

（幼稚園5歳児と小学校1年生の合同　2月）

幼稚園5歳児のねらい
・小学校の環境や掲示物，人，生活の仕方や大切にしていることなどに触れ，興味や関心をもち，これから始まる小学校活動に期待をもつ。
・「宝物オリエンテーリング」をする中で，自分の意見を言ったり1年生の話を聞いたりして，イメージを共有したり表現したりし

ながら，1年生のものの見方や考え方，学び方に触れる。
小学校1年生のねらい
・校内での「宝物オリエンテーリング」を楽しむ活動で，友達や5歳児とかかわりながら学校の施設の様子や人々のことが分かり，楽しく安心して遊んだり生活したりできる。

＜活動の展開＞

1　前時までの活動を振り返り，本時の活動を確認
　・探検の歌を歌ったり，クイズをしたりする。

▼

2　グループで協力してオリエンテーリング
　・チェックポイント①～⑥をおく。
　　①理科室のカブトのようなものは何？
　　②コイは何匹いるでしょう？
　　③コンピュータのある部屋の名前は？
　　④校長先生にごあいさつができたよ。
　　⑤地球儀がある部屋はどこだろう？
　　⑥小学校の昔のものを見つけたよ。

▼

3　活動を振り返り，みんなで話し合う。その後1年生は自己評価
　・楽しかったことや困ったことなどを話し合うことから，次への期待。
　・（1年生）活動の振り返りから次の課題を見つける。

＜入るときにはね。ちゃんとトントンとノックをするんだよ＞

　いつも一緒に活動する1年生に迎えに来てもらい，手をつないで小学校へ出掛けて行く幼児たちは，首から誇らしげに探検バッグを下げている。数日前，5歳児担任が「今度，小学校に探検に行くよ」と話した際に，日頃1年生が生活科の学習で持っている探検バッグをまねて作ったものである。小学校に着いたら，1年生に「僕の靴箱使ってね」と誘われ，照れながら靴箱に靴を片付けている。また，じゅうたんの敷かれた教室に入る際，1年生と一緒に上靴をきちんと並べている姿の中には，いつになく緊張した様子もみられる。

　小学校の広い教室で宝物オリエンテーリングで探す絵や写真を見せてもらう。プロジェクターやスクリーンを使って大きく映しているので，幼児にも分かりやすい。どこから探検するかは，1年生とのペアで相談して決める。A児は，1年生のお姉さんと一緒に校長室へ向かっている途中で，1年生に「入るときにはね，ちゃんとトントンとノックをするんだよ。『どうぞ』って言ってくれたら，『失礼します』と言ってから入るんだよ」「小学校ではね，廊下は走っちゃだめなんだよ」と話し掛けられ，「うん，分かった」とうなずいている。

　校長室には，1年生のお気に入りの色とりどりのチョウの標本が壁に飾られている。「わぁ，きれいだね」と幼児がつぶやく。「たくさんあるだろう。僕は，この青いチョウが一番好きなんだよ」と1年生が話す。5歳児が「へえ，きれいだね。こんなにきれいなチョウチョ見たことないよ」と言うと，1年生が「これは，高い山にいるチョウなんだよ」と得意になって説明を始める。校長が「すごい，○○君はチョウチョのこと詳しいね」と褒めると，とてもうれしそうな表情をしている。その様子を見ていた5歳児が更に興味をもち，「誰が捕まえてきたの」と質問を

している。しばらくの間，校長と三人で熱心にチョウの話をしていた。

＜コイは何匹いるのかなあ？＞

　校長室のすぐ近くにはコイの池があり，5歳児と1年生のペアが次々と池の周囲にやって来た。池にはたくさんのコイが泳いでいる。

　初めに来たペアの1年生が，「僕のお気に入りのコイはね，あの一番でっかいコイなんだよ。僕がここに来ると，いつもそばによってくるんだよ」と幼児に言う。5歳児が「ほんとだね。こっちに来るよ」「大きな口だね。もっといっぱい来ないかな」と答える。

　次にやってきたペアの5歳児は，たくさんいるコイの数に驚いた様子だった。5歳児が「ねえねえ，何匹位いるんだろう」と尋ねると，1年生が「動きが速いからなかなか数えられないんだ。いつも数えようとするんだけど，できないんだよ」と答えている。幼児が，「餌をあげてこっちに寄せたら数えられるよ」と言うと，「そうだね，その作戦，とってもいいね。いつも餌をあげている教頭先生に餌をもらってくるから」と，教頭を捜しに出掛けて行った。1年生は，幼児の要望にこたえて何とか数を数えようと真剣に考えている姿が印象的だった。

　その様子を見ていた別のペアも，数に興味をもち始めたようだ。5歳児が「わぁ，きれいだなあ。赤いのも白いのもいるね。でも，たくさん過ぎて分かんない」と言うと，1年生は「最初に動いているコイを数えて，後でじっとしているコイを数えよう」と言う。しかし，5歳児が「でも，やっぱり難しいよ。みんな動いちゃうよ」と言う。1年生は，しばらく考え込んでいる。「そうだ。赤い模様のコイと白い模様のコイに分けよう」と言う。1年生が，赤いコイを夢中になって数えている様子をじっと見ていた。

○小学校の環境に親しみ，関心をもつ

　5歳児にとって小学校での活動は慣れないこともあり最初は緊張する。しかし，一緒に活動する相手を特定してペアを組み，交流活動を繰り返すことで，小学校という環境に早く慣れることができる。また，交流活動の場としては，幼稚園の園庭や遊戯室も考えられるが，幼稚園修了間近の時期には小学校を活動の場とすることで幼児の興味や関心，期待感がふくらみ，意欲的になる。

　1年生に誘われ，「宝物オリエンテーリング」を一緒にすることを教師が5歳児に伝えると，ノートやそれを入れるものを自分で作る幼児が現れた。教師が大きめの厚紙などを用意すると，1年生が持っていた探検バッグを喜んで作っている。小学校への入学が近づいてきたことで，小学生と一緒に活動する意欲は一層高まってきたようだ。思い思いの絵をかいた探検バッグにマーカーや鉛筆などを入れて準備している。

　事例5の宝物オリエンテーリングは，1年生と手をつないで連れて行ってもらう活動ではない。1年生と一緒にワークシートに書かれている問題を解決し宝物を探す，コイやウサギ，チョウの標本があり，それらに興味や関心をもち，「どの部屋にあるでしょう」などの問題に答えるなどの活動が組み込まれており，5歳児も小学校の探検を楽しみながら活動できるように工夫されている。問題は他にも，「校長先生と出会ったら握手をしましょう」とか，「1年生が絵にかいたカブトガニを見つけましょう」などがある。オリエンテーリングの問題が置かれている場所は，校長室，職員室，理科室，1年生の教室，コンピュータルーム，体育館など，小学校の様々な場所である。「体育館って広いんだね」「理科室ってなんだか怖いものがたくさんあるね」等，驚きや発見を言葉にしている。5歳児にとって小学校の環境は，夢中になって探検できる面白い場

所である。教科書やノートを使う教室での学習をイメージしている幼児にとっては、このような探検活動は、少し戸惑いもあるが、新鮮であったようだ。

　慣れ親しむものは物的な環境ばかりではない。事例5にも記されているように、廊下の歩き方や教室への入り方やあいさつの仕方、校長や他の教師に接する態度まで、実際に体験し学ぶことができた。また、交流活動後に幼稚園に戻っても、優しく接してくれた1年生の姿をまねて幼稚園内を探検したり、4歳児や3歳児に優しく接したりする姿がみられた。

○交流活動を通して学び合い、育ち合う

　事例5では、校長室への廊下で、「入る前にはね、ちゃんとトントンとノックをするんだよ。『どうぞ』と言ってくれたら、『失礼します』と言ってから入るんだよ」「小学校ではね、廊下は走っちゃだめなんだよ」と幼児に伝える姿が見られた。普段1年生だけの探検では、活動に夢中になり大きな声で叫んだり廊下を走ったりする場面がしばしば見られる。しかし、5歳児と一緒に活動することで規範意識が高まり、年長者であることの意識をもち、幼児を思いやったり、正しいことを伝えようとしたりする態度がみられてきたようだ。

　また、幼児にも分かりやすく伝えようと懸命になっている姿もみられた。例えば「そうだ。赤い模様のコイと白い模様のコイに分けよう」などと、5歳児にも分かるようにいろいろと考えて提案している。このような課題に対する積極的な取組を導くことができたのは、幼児に分かりやすく伝えようとしたからに他ならない。

　1年生にとって一緒に活動する幼児の姿は、1年前の自分自身の姿で

ある。探検しながら幼児が何に困っているのか，何が分からないのかを，経験として理解し知っている。このような合同での交流活動は，過去の自分自身を振り返ったり，今の自分を見つめたりする際にとても効果的なものとなる。幼児との交流活動は，1年生にとって，自分が身に付けた力を発揮したり新たな気付きをしたりできる格好の学習場面であり，成長する自分を意識する場面でもある。

第4節　小学校1年生の生活科

1　幼稚園教育と生活科教育

　生活科の具体的な活動や体験を通しての教育は，幼稚園の環境を通して行う教育とかなり似ている。それは，幼児期の生活や遊びを通しての教育と小学校の教科等を中心とする教育との接続を円滑にすることを，生活科新設の趣旨やねらいの一つにしていることからすれば，当然のことである。

　しかし，幼稚園の教師からの生活科に対する理解も，小学校の教師からの環境を通して行う教育についての理解も，十分とは言えない。例えば，幼稚園の教師からは，生活科は，幼稚園で行っている活動とかなり近いが，45分という区切られた時間で十分な活動ができるのだろうか，一人一人の子どもの自発性や能動性を生かすことが一斉指導で可能なのだろうかなどの疑問が出されている。また，小学校の教師からは，子どもの自発的な活動とは子どもの自由に任せることなのだろうか，指導計画はあるのだろうか，評価はどのようにしているのだろうかなどの疑問が出されている。

　ここでは，小学校の生活科の指導事例を示す。事例を通して，幼稚園教育と小学校の生活科教育との共通点や相違点を明らかにしながら，幼稚園教育と小学校教育との円滑な接続について考えてみる。

2 生活科の実際
（1）単元名 「お手伝い名人になろう」
　　　第1学年 （9月～10月）15時間
（2）ねらい
　　　家庭生活を支えている家族のことや，家族にしてもらっていることに気付き，家庭における自分の生活を見直し，自分にできることを進んでやろうとする。
（3）指導計画
　① 夏休み，家のお手伝い
　② 私の得意なお手伝いの発表
　③ お手伝い名人に入門
　④ できるようになったことの発表
（4）活動の実際
　① 夏休み，家のお手伝い
　　　生活科は，家庭の生活から意味ある活動を取り上げ，学習したことを再び子どもの生活に返していくものである。したがって，活動のきっかけを子どもの日常生活や遊びの中に見いだすようにすることが大切になる。また，活動のきっかけとなることを教師が子どもたちに投げ掛けていくことも必要である。
　　　夏休みが近くなったときに，家での過ごし方をみんなで考えた。1年生の子どもたちに，家の手伝いを何かしてみようと提案し，一人ずつ夏休みにできる手伝いを決めた。
　　　長い夏休みにお手伝いをきちんとねばり強く実践していくためには，子どもの力だけでは無理がある。生活科の学習は，保護者の協力も得ながら家庭と学校が連携して進めていくことが多い。A児は

洗濯物たたみ，B児は部屋の掃除，C児は自分で起きることと歯磨き，新聞を取ってくること，D児は食器洗いを選んだ。
② 私の得意なお手伝いの発表

9月，夏休み中にがんばったことを発表することになった。発表するということは，聞き手に分かるように説明しなくてはならない。どのように説明したらよいか，それぞれ考えた。

A児は洗濯物のたたみ方をハンカチと靴下を使って実演して見せた。B児は，掃除の仕方を部屋の絵をかいて説明した。また，掃除機の使い方や部屋の整理の仕方を分かりやすく説明した。C児は，自分で起きるようにがんばったことや歯磨きの仕方を，説明したり実演したりして見せた。D児は食器洗いの仕方を模造紙にまとめてきた。そしてみんなの前で，スポンジを使って洗ったりふきんで拭いたりして見せたりと，なかなかの手つきであった。夏休みのお手伝いの発表会では，保護者の方にも見ていただいた。

子どもが発表するということは，自己を振り返ることでもある。自分でできるようになったことに気付き，そして，自分に自信がもてるようになる。この発表会では，まだ自分が発表することに精一杯で，そこまでの気付きは期待できなかった。この後の活動で，自分自身への気付きが更に深まっていった。
③ お手伝い名人に入門

A児，B児，C児，D児の名人のところにも大勢の友達が入門してきた。A児は，洗濯物のたたみ方を指導している。

A児「ちゃんと端をそろえないと，よくたためないよ」

E児「先に端をそろえるといいね」

A児「こうして二つの靴下を挟んでおくんだよ」

E児「A君，よく知っているね」
　　A児「お母さんがやっているよ」
　　E児「私もA君に教えてもらったとおり，家でやってみようかな」
　　B児のところにも入門者が来ている。掃除機を使って部屋の掃除の仕方を指導している。初めに，片付けの仕方を指導している。机の上や床の上をきちんと整理してから掃除機をかけることを力説している。「そうでないと，掃除機がみんな吸い込んじゃうんだよ」というのは実感があった。掃除機の操作にも慣れている様子が伝わってきた。

④　できるようになったことの発表
　　名人に入門して，自分のできることが更に広がった。E児は，洗濯物たたみのお手伝いをしたA児に入門していろいろなことを学んだ。洗濯物をたたむコツ，家の人がすることをよく見てまねをすることなどを教えてもらった。生活科の活動では友達とのかかわりから学ぶことが多い。E児が学んだもう一つのことは，「A君はすごい」という驚きや気付き，「私もA君のようになりたい」という思いや願い，そして活動への意欲ではないだろうか。このような学び合う活動を通して，「Bさんはとてもがんばったんだ」「私もBさんのようにがんばろう」という力が生まれてくる。
　　自己を振り返る自己評価の力，他者の学びの様子に気付く相互評価の力，体験的な活動や具体的な活動を通し，また，学級内での学び合う活動を通して，このような力が育っていく。

(5) **考察**
　　生活科のねらいは，具体的な活動や体験を通して，自分と身近な人々，社会及び自然とのかかわりに関心をもち，自分自身や自分の生活につい

て考えさせるとともに，その過程において生活上必要な習慣や技能を身に付けさせ，自立への基礎を養うということである。

　幼稚園でも，おうちごっこがよく行われている。お父さん役，お母さん役，赤ちゃん役などを決めて遊びが展開されている。遊びの中で，家族の様子を再現している。

　遊びや生活の中で，自分と身近な人々との関係を学んでいく幼稚園と，単元の中で「家庭と生活」の内容を具体的な活動や体験を通して学んでいく生活科とでは違いはあるが，活動する姿には共通するものがある。

　生活科の活動では，自分と身近な人々，社会及び自然とのかかわりを通して，自分自身の生活を振り返る活動をしている。言葉（作文，説明），絵，動作（実演）劇化などによりまとめたり発表をしたりすることによって自分自身への気付きを深めていく。

　「お手伝い名人になろう」の活動でも，自分の得意なお手伝いの発表やできるようになったことの発表を通して，子どもが自分自身への気付きを深めている。このことによって，自分と家族の関係や家族の中での自分の役割に気付き，自立への基礎が培われていく。

付　録

幼稚園教育要領

教育基本法

平成十八年十二月二十二日法律第百二十号

　我々日本国民は，たゆまぬ努力によって築いてきた民主的で文化的な国家を更に発展させるとともに，世界の平和と人類の福祉の向上に貢献することを願うものである。
　我々は，この理想を実現するため，個人の尊厳を重んじ，真理と正義を希求し，公共の精神を尊び，豊かな人間性と創造性を備えた人間の育成を期するとともに，伝統を継承し，新しい文化の創造を目指す教育を推進する。
　ここに，我々は，日本国憲法の精神にのっとり，我が国の未来を切り拓(ひら)く教育の基本を確立し，その振興を図るため，この法律を制定する。

第一章　教育の目的及び理念

（教育の目的）
第一条　教育は，人格の完成を目指し，平和で民主的な国家及び社会の形成者として必要な資質を備えた心身ともに健康な国民の育成を期して行われなければならない。
（教育の目標）
第二条　教育は，その目的を実現するため，学問の自由を尊重しつつ，次に掲げる目標を達成するよう行われるものとする。
　一　幅広い知識と教養を身に付け，真理を求める態度を養い，豊かな情操と道徳心を培うとともに，健やかな身体を養うこと。
　二　個人の価値を尊重して，その能力を伸ばし，創造性を培い，自主及び自律の精神を養うとともに，職業及び生活との関連を重視し，勤労を重んずる態度を養うこと。
　三　正義と責任，男女の平等，自他の敬愛と協力を重んずるとともに，公共の精神に基づき，主体的に社会の形成に参画し，その発展に寄与する態度を養うこと。
　四　生命を尊び，自然を大切にし，環境の保全に寄与する態度を養うこと。
　五　伝統と文化を尊重し，それらをはぐくんできた我が国と郷土を愛するとともに，他国を尊重し，国際社会の平和と発展に寄与する態度を養うこと。
（生涯学習の理念）
第三条　国民一人一人が，自己の人格を磨き，豊かな人生を送ることができるよう，その生涯にわたって，あらゆる機会に，あらゆる場所において学習することが

でき，その成果を適切に生かすことのできる社会の実現が図られなければならない。
　（教育の機会均等）
第四条　すべて国民は，ひとしく，その能力に応じた教育を受ける機会を与えられなければならず，人種，信条，性別，社会的身分，経済的地位又は門地によって，教育上差別されない。
2　国及び地方公共団体は，障害のある者が，その障害の状態に応じ，十分な教育を受けられるよう，教育上必要な支援を講じなければならない。
3　国及び地方公共団体は，能力があるにもかかわらず，経済的理由によって修学が困難な者に対して，奨学の措置を講じなければならない。

第二章　教育の実施に関する基本

　（義務教育）
第五条　国民は，その保護する子に，別に法律で定めるところにより，普通教育を受けさせる義務を負う。
2　義務教育として行われる普通教育は，各個人の有する能力を伸ばしつつ社会において自立的に生きる基礎を培い，また，国家及び社会の形成者として必要とされる基本的な資質を養うことを目的として行われるものとする。
3　国及び地方公共団体は，義務教育の機会を保障し，その水準を確保するため，適切な役割分担及び相互の協力の下，その実施に責任を負う。
4　国又は地方公共団体の設置する学校における義務教育については，授業料を徴収しない。
　（学校教育）
第六条　法律に定める学校は，公の性質を有するものであって，国，地方公共団体及び法律に定める法人のみが，これを設置することができる。
2　前項の学校においては，教育の目標が達成されるよう，教育を受ける者の心身の発達に応じて，体系的な教育が組織的に行われなければならない。この場合において，教育を受ける者が，学校生活を営む上で必要な規律を重んずるとともに，自ら進んで学習に取り組む意欲を高めることを重視して行われなければならない。
　（大学）
第七条　大学は、学術の中心として，高い教養と専門的能力を培うとともに，深く真理を探究して新たな知見を創造し，これらの成果を広く社会に提供することにより，社会の発展に寄与するものとする。
2　大学については，自主性，自律性その他の大学における教育及び研究の特性が尊重されなければならない。

（私立学校）

第八条　私立学校の有する公の性質及び学校教育において果たす重要な役割にかんがみ，国及び地方公共団体は，その自主性を尊重しつつ，助成その他の適当な方法によって私立学校教育の振興に努めなければならない。

（教員）

第九条　法律に定める学校の教員は，自己の崇高な使命を深く自覚し，絶えず研究と修養に励み，その職責の遂行に努めなければならない。

2　前項の教員については，その使命と職責の重要性にかんがみ，その身分は尊重され，待遇の適正が期せられるとともに，養成と研修の充実が図られなければならない。

（家庭教育）

第十条　父母その他の保護者は，子の教育について第一義的責任を有するものであって，生活のために必要な習慣を身に付けさせるとともに，自立心を育成し，心身の調和のとれた発達を図るよう努めるものとする。

2　国及び地方公共団体は，家庭教育の自主性を尊重しつつ，保護者に対する学習の機会及び情報の提供その他の家庭教育を支援するために必要な施策を講ずるよう努めなければならない。

（幼児期の教育）

第十一条　幼児期の教育は，生涯にわたる人格形成の基礎を培う重要なものであることにかんがみ，国及び地方公共団体は，幼児の健やかな成長に資する良好な環境の整備その他適当な方法によって，その振興に努めなければならない。

（社会教育）

第十二条　個人の要望や社会の要請にこたえ，社会において行われる教育は，国及び地方公共団体によって奨励されなければならない。

2　国及び地方公共団体は，図書館，博物館，公民館その他の社会教育施設の設置，学校の施設の利用，学習の機会及び情報の提供その他の適当な方法によって社会教育の振興に努めなければならない。

（学校，家庭及び地域住民等の相互の連携協力）

第十三条　学校，家庭及び地域住民その他の関係者は，教育におけるそれぞれの役割と責任を自覚するとともに，相互の連携及び協力に努めるものとする。

（政治教育）

第十四条　良識ある公民として必要な政治的教養は，教育上尊重されなければならない。

2　法律に定める学校は，特定の政党を支持し，又はこれに反対するための政治教育その他政治的活動をしてはならない。

（宗教教育）

第十五条　宗教に関する寛容の態度，宗教に関する一般的な教養及び宗教の社会生活における地位は，教育上尊重されなければならない。
2　国及び地方公共団体が設置する学校は，特定の宗教のための宗教教育その他宗教的活動をしてはならない。

第三章　教育行政

（教育行政）
第十六条　教育は，不当な支配に服することなく，この法律及び他の法律の定めるところにより行われるべきものであり，教育行政は，国と地方公共団体との適切な役割分担及び相互の協力の下，公正かつ適正に行われなければならない。
2　国は，全国的な教育の機会均等と教育水準の維持向上を図るため，教育に関する施策を総合的に策定し，実施しなければならない。
3　地方公共団体は，その地域における教育の振興を図るため，その実情に応じた教育に関する施策を策定し，実施しなければならない。
4　国及び地方公共団体は，教育が円滑かつ継続的に実施されるよう，必要な財政上の措置を講じなければならない。
（教育振興基本計画）
第十七条　政府は，教育の振興に関する施策の総合的かつ計画的な推進を図るため，教育の振興に関する施策についての基本的な方針及び講ずべき施策その他必要な事項について，基本的な計画を定め，これを国会に報告するとともに，公表しなければならない。
2　地方公共団体は，前項の計画を参酌し，その地域の実情に応じ，当該地方公共団体における教育の振興のための施策に関する基本的な計画を定めるよう努めなければならない。

第四章　法令の制定

第十八条　この法律に規定する諸条項を実施するため，必要な法令が制定されなければならない。

学校教育法（抄）

昭和二十二年三月三十一日法律第二十六号
一部改正：平成十九年六月二十七日法律第九十六号

第三章　幼稚園

第二十二条　幼稚園は，義務教育及びその後の教育の基礎を培うものとして，幼児を保育し，幼児の健やかな成長のために適当な環境を与えて，その心身の発達を助長することを目的とする。

第二十三条　幼稚園における教育は，前条に規定する目的を実現するため，次に掲げる目標を達成するよう行われるものとする。

一　健康，安全で幸福な生活のために必要な基本的な習慣を養い，身体諸機能の調和的発達を図ること。

二　集団生活を通じて，喜んでこれに参加する態度を養うとともに家族や身近な人への信頼感を深め，自主，自律及び協同の精神並びに規範意識の芽生えを養うこと。

三　身近な社会生活，生命及び自然に対する興味を養い，それらに対する正しい理解と態度及び思考力の芽生えを養うこと。

四　日常の会話や，絵本，童話等に親しむことを通じて，言葉の使い方を正しく導くとともに，相手の話を理解しようとする態度を養うこと。

五　音楽，身体による表現，造形等に親しむことを通じて，豊かな感性と表現力の芽生えを養うこと。

第二十四条　幼稚園においては，第二十二条に規定する目的を実現するための教育を行うほか，幼児期の教育に関する各般の問題につき，保護者及び地域住民その他の関係者からの相談に応じ，必要な情報の提供及び助言を行うなど，家庭及び地域における幼児期の教育の支援に努めるものとする。

第二十五条　幼稚園の教育課程その他の保育内容に関する事項は，第二十二条及び第二十三条の規定に従い，文部科学大臣が定める。

第二十六条　幼稚園に入園することのできる者は，満三歳から，小学校就学の始期に達するまでの幼児とする。

第八章　特別支援教育

第八十一条　幼稚園，小学校，中学校，高等学校及び中等教育学校においては，次項各号のいずれかに該当する幼児，児童及び生徒その他教育上特別の支援を必要とする幼児，児童及び生徒に対し，文部科学大臣の定めるところにより，障害による学習上又は生活上の困難を克服するための教育を行うものとする。
　（第二項及び第三項　略）

学校教育法施行規則（抄）

昭和二十二年五月二十三日文部省令第十一号
一部改正：平成二十年三月二十八日文部科学省令第五号

第三章　幼稚園

第三十七条　幼稚園の毎学年の教育週数は，特別の事情のある場合を除き，三十九週を下つてはならない。

第三十八条　幼稚園の教育課程その他の保育内容については，この章に定めるもののほか，教育課程その他の保育内容の基準として文部科学大臣が別に公示する幼稚園教育要領によるものとする。

幼稚園教育要領

○文部科学省告示第二十六号
　学校教育法施行規則（昭和二十二年文部省令第十一号）第三十八条の規定に基づき，幼稚園教育要領（平成十年文部省告示第百七十四号）の全部を次のように改正し，平成二十一年四月一日から施行する。
　　平成二十年三月二十八日
　　　　　　　　　　　　　　　　　　　　　　　文部科学大臣　渡海紀三朗

幼稚園教育要領

目次
　第1章　総則
　　第1　幼稚園教育の基本
　　第2　教育課程の編成
　　第3　教育課程に係る教育時間の終了後等に行う教育活動など
　第2章　ねらい及び内容
　　健康
　　人間関係
　　環境
　　言葉
　　表現
　第3章　指導計画及び教育課程に係る教育時間の終了後等に行う教育活動などの留意事項
　　第1　指導計画の作成に当たっての留意事項
　　第2　教育課程に係る教育時間の終了後等に行う教育活動などの留意事項

第1章 総　則

第1　幼稚園教育の基本

　幼児期における教育は，生涯にわたる人格形成の基礎を培う重要なものであり，幼稚園教育は，学校教育法第22条に規定する目的を達成するため，幼児期の特性を踏まえ，環境を通して行うものであることを基本とする。

　このため，教師は幼児との信頼関係を十分に築き，幼児と共によりよい教育環境を創造するように努めるものとする。これらを踏まえ，次に示す事項を重視して教育を行わなければならない。

1　幼児は安定した情緒の下で自己を十分に発揮することにより発達に必要な体験を得ていくものであることを考慮して，幼児の主体的な活動を促し，幼児期にふさわしい生活が展開されるようにすること。

2　幼児の自発的な活動としての遊びは，心身の調和のとれた発達の基礎を培う重要な学習であることを考慮して，遊びを通しての指導を中心として第2章に示すねらいが総合的に達成されるようにすること。

3　幼児の発達は，心身の諸側面が相互に関連し合い，多様な経過をたどって成し遂げられていくものであること，また，幼児の生活経験がそれぞれ異なることなどを考慮して，幼児一人一人の特性に応じ，発達の課題に即した指導を行うようにすること。

　その際，教師は，幼児の主体的な活動が確保されるよう幼児一人一人の行動の理解と予想に基づき，計画的に環境を構成しなければならない。この場合において，教師は，幼児と人やものとのかかわりが重要であることを踏まえ，物的・空間的環境を構成しなければならない。また，教師は，幼児一人一人の活動の場面に応じて，様々な役割を果たし，その活動を豊かにしなければならない。

第2　教育課程の編成

　幼稚園は，家庭との連携を図りながら，この章の第1に示す幼稚園教育の基本に基づいて展開される幼稚園生活を通して，生きる力の基礎を育成するよう学校教育法第23条に規定する幼稚園教育の目標の達成に努めなければならない。幼稚園は，このことにより，義務教育及びその後の教育の基礎を培うものとする。

　これらを踏まえ，各幼稚園においては，教育基本法及び学校教育法その他の法令並びにこの幼稚園教育要領の示すところに従い，創意工夫を生かし，幼児の心身の発達と幼稚園及び地域の実態に即応した適切な教育課程を編成するものとする。

1 幼稚園生活の全体を通して第2章に示すねらいが総合的に達成されるよう，教育課程に係る教育期間や幼児の生活経験や発達の過程などを考慮して具体的なねらいと内容を組織しなければならないこと。この場合においては，特に，自我が芽生え，他者の存在を意識し，自己を抑制しようとする気持ちが生まれる幼児期の発達の特性を踏まえ，入園から修了に至るまでの長期的な視野をもって充実した生活が展開できるように配慮しなければならないこと。
2 幼稚園の毎学年の教育課程に係る教育週数は，特別の事情のある場合を除き，39週を下ってはならないこと。
3 幼稚園の1日の教育課程に係る教育時間は，4時間を標準とすること。ただし，幼児の心身の発達の程度や季節などに適切に配慮すること。

第3　教育課程に係る教育時間の終了後等に行う教育活動など

幼稚園は，地域の実態や保護者の要請により教育課程に係る教育時間の終了後等に希望する者を対象に行う教育活動について，学校教育法第22条及び第23条並びにこの章の第1に示す幼稚園教育の基本を踏まえ実施すること。また，幼稚園の目的の達成に資するため，幼児の生活全体が豊かなものとなるよう家庭や地域における幼児期の教育の支援に努めること。

第2章　ねらい及び内容

　この章に示すねらいは，幼稚園修了までに育つことが期待される生きる力の基礎となる心情，意欲，態度などであり，内容は，ねらいを達成するために指導する事項である。これらを幼児の発達の側面から，心身の健康に関する領域「健康」，人とのかかわりに関する領域「人間関係」，身近な環境とのかかわりに関する領域「環境」，言葉の獲得に関する領域「言葉」及び感性と表現に関する領域「表現」としてまとめ，示したものである。

　各領域に示すねらいは，幼稚園における生活の全体を通じ，幼児が様々な体験を積み重ねる中で相互に関連をもちながら次第に達成に向かうものであること，内容は，幼児が環境にかかわって展開する具体的な活動を通して総合的に指導されるものであることに留意しなければならない。

　なお，特に必要な場合には，各領域に示すねらいの趣旨に基づいて適切な，具体的な内容を工夫し，それを加えても差し支えないが，その場合には，それが第1章の第1に示す幼稚園教育の基本を逸脱しないよう慎重に配慮する必要がある。

健　康
〔健康な心と体を育て，自ら健康で安全な生活をつくり出す力を養う。〕
1　ねらい
（1）明るく伸び伸びと行動し，充実感を味わう。
（2）自分の体を十分に動かし，進んで運動しようとする。
（3）健康，安全な生活に必要な習慣や態度を身に付ける。
2　内　容
（1）先生や友達と触れ合い，安定感をもって行動する。
（2）いろいろな遊びの中で十分に体を動かす。
（3）進んで戸外で遊ぶ。
（4）様々な活動に親しみ，楽しんで取り組む。
（5）先生や友達と食べることを楽しむ。
（6）健康な生活のリズムを身に付ける。
（7）身の回りを清潔にし，衣服の着脱，食事，排泄(せつ)などの生活に必要な活動を自分でする。
（8）幼稚園における生活の仕方を知り，自分たちで生活の場を整えながら見通しをもって行動する。
（9）自分の健康に関心をもち，病気の予防などに必要な活動を進んで行う。
（10）危険な場所，危険な遊び方，災害時などの行動の仕方が分かり，安全に気を付けて行動する。

3 内容の取扱い
　上記の取扱いに当たっては，次の事項に留意する必要がある。
（1）心と体の健康は，相互に密接な関連があるものであることを踏まえ，幼児が教師や他の幼児との温かい触れ合いの中で自己の存在感や充実感を味わうことなどを基盤として，しなやかな心と体の発達を促すこと。特に，十分に体を動かす気持ちよさを体験し，自ら体を動かそうとする意欲が育つようにすること。
（2）様々な遊びの中で，幼児が興味や関心，能力に応じて全身を使って活動することにより，体を動かす楽しさを味わい，安全についての構えを身に付け，自分の体を大切にしようとする気持ちが育つようにすること。
（3）自然の中で伸び伸びと体を動かして遊ぶことにより，体の諸機能の発達が促されることに留意し，幼児の興味や関心が戸外にも向くようにすること。その際，幼児の動線に配慮した園庭や遊具の配置などを工夫すること。
（4）健康な心と体を育てるためには食育を通じた望ましい食習慣の形成が大切であることを踏まえ，幼児の食生活の実情に配慮し，和やかな雰囲気の中で教師や他の幼児と食べる喜びや楽しさを味わったり，様々な食べ物への興味や関心をもったりするなどし，進んで食べようとする気持ちが育つようにすること。
（5）基本的な生活習慣の形成に当たっては，家庭での生活経験に配慮し，幼児の自立心を育て，幼児が他の幼児とかかわりながら主体的な活動を展開する中で，生活に必要な習慣を身に付けるようにすること。

人間関係
　〔他の人々と親しみ，支え合って生活するために，自立心を育て，人とかかわる力を養う。〕
1　ねらい
（1）幼稚園生活を楽しみ，自分の力で行動することの充実感を味わう。
（2）身近な人と親しみ，かかわりを深め，愛情や信頼感をもつ。
（3）社会生活における望ましい習慣や態度を身に付ける。
2　内　容
（1）先生や友達と共に過ごすことの喜びを味わう。
（2）自分で考え，自分で行動する。
（3）自分でできることは自分でする。
（4）いろいろな遊びを楽しみながら物事をやり遂げようとする気持ちをもつ。
（5）友達と積極的にかかわりながら喜びや悲しみを共感し合う。
（6）自分の思ったことを相手に伝え，相手の思っていることに気付く。

（7）友達のよさに気付き，一緒に活動する楽しさを味わう。
（8）友達と楽しく活動する中で，共通の目的を見いだし，工夫したり，協力したりなどする。
（9）よいことや悪いことがあることに気付き，考えながら行動する。
（10）友達とのかかわりを深め，思いやりをもつ。
（11）友達と楽しく生活する中できまりの大切さに気付き，守ろうとする。
（12）共同の遊具や用具を大切にし，みんなで使う。
（13）高齢者をはじめ地域の人々などの自分の生活に関係の深いいろいろな人に親しみをもつ。

3 内容の取扱い

上記の取扱いに当たっては，次の事項に留意する必要がある。
（1）教師との信頼関係に支えられて自分自身の生活を確立していくことが人とかかわる基盤となることを考慮し，幼児が自ら周囲に働き掛けることにより多様な感情を体験し，試行錯誤しながら自分の力で行うことの充実感を味わうことができるよう，幼児の行動を見守りながら適切な援助を行うようにすること。
（2）幼児の主体的な活動は，他の幼児とのかかわりの中で深まり，豊かになるものであり，幼児はその中で互いに必要な存在であることを認識するようになることを踏まえ，一人一人を生かした集団を形成しながら人とかかわる力を育てていくようにすること。特に，集団の生活の中で，幼児が自己を発揮し，教師や他の幼児に認められる体験をし，自信をもって行動できるようにすること。
（3）幼児が互いにかかわりを深め，協同して遊ぶようになるため，自ら行動する力を育てるようにするとともに，他の幼児と試行錯誤しながら活動を展開する楽しさや共通の目的が実現する喜びを味わうことができるようにすること。
（4）道徳性の芽生えを培うに当たっては，基本的な生活習慣の形成を図るとともに，幼児が他の幼児とのかかわりの中で他人の存在に気付き，相手を尊重する気持ちをもって行動できるようにし，また，自然や身近な動植物に親しむことなどを通して豊かな心情が育つようにすること。特に，人に対する信頼感や思いやりの気持ちは，葛藤やつまずきをも体験し，それらを乗り越えることにより次第に芽生えてくることに配慮すること。
（5）集団の生活を通して，幼児が人とのかかわりを深め，規範意識の芽生えが培われることを考慮し，幼児が教師との信頼関係に支えられて自己を発揮する中で，互いに思いを主張し，折り合いを付ける体験をし，きまりの必要性などに気付き，自分の気持ちを調整する力が育つようにすること。

(6) 高齢者をはじめ地域の人々などの自分の生活に関係の深いいろいろな人と触れ合い，自分の感情や意志を表現しながら共に楽しみ，共感し合う体験を通して，これらの人々などに親しみをもち，人とかかわることの楽しさや人の役に立つ喜びを味わうことができるようにすること。また，生活を通して親や祖父母などの家族の愛情に気付き，家族を大切にしようとする気持ちが育つようにすること。

環 境

〔周囲の様々な環境に好奇心や探究心をもってかかわり，それらを生活に取り入れていこうとする力を養う。〕

1 ねらい
(1) 身近な環境に親しみ，自然と触れ合う中で様々な事象に興味や関心をもつ。
(2) 身近な環境に自分からかかわり，発見を楽しんだり，考えたりし，それを生活に取り入れようとする。
(3) 身近な事象を見たり，考えたり，扱ったりする中で，物の性質や数量，文字などに対する感覚を豊かにする。

2 内 容
(1) 自然に触れて生活し，その大きさ，美しさ，不思議さなどに気付く。
(2) 生活の中で，様々な物に触れ，その性質や仕組みに興味や関心をもつ。
(3) 季節により自然や人間の生活に変化のあることに気付く。
(4) 自然などの身近な事象に関心をもち，取り入れて遊ぶ。
(5) 身近な動植物に親しみをもって接し，生命の尊さに気付き，いたわったり，大切にしたりする。
(6) 身近な物を大切にする。
(7) 身近な物や遊具に興味をもってかかわり，考えたり，試したりして工夫して遊ぶ。
(8) 日常生活の中で数量や図形などに関心をもつ。
(9) 日常生活の中で簡単な標識や文字などに関心をもつ。
(10) 生活に関係の深い情報や施設などに興味や関心をもつ。
(11) 幼稚園内外の行事において国旗に親しむ。

3 内容の取扱い
上記の取扱いに当たっては，次の事項に留意する必要がある。
(1) 幼児が，遊びの中で周囲の環境とかかわり，次第に周囲の世界に好奇心を抱き，その意味や操作の仕方に関心をもち，物事の法則性に気付き，自分なりに考えることができるようになる過程を大切にすること。特に，他の幼児の考えなどに触れ，新しい考えを生み出す喜びや楽しさを味わい，

自ら考えようとする気持ちが育つようにすること。
（2）幼児期において自然のもつ意味は大きく，自然の大きさ，美しさ，不思議さなどに直接触れる体験を通して，幼児の心が安らぎ，豊かな感情，好奇心，思考力，表現力の基礎が培われることを踏まえ，幼児が自然とのかかわりを深めることができるよう工夫すること。
（3）身近な事象や動植物に対する感動を伝え合い，共感し合うことなどを通して自分からかかわろうとする意欲を育てるとともに，様々なかかわり方を通してそれらに対する親しみや畏敬の念，生命を大切にする気持ち，公共心，探究心などが養われるようにすること。
（4）数量や文字などに関しては，日常生活の中で幼児自身の必要感に基づく体験を大切にし，数量や文字などに関する興味や関心，感覚が養われるようにすること。

言葉

経験したことや考えたことなどを自分なりの言葉で表現し，相手の話す言葉を聞こうとする意欲や態度を育て，言葉に対する感覚や言葉で表現する力を養う。

1 ねらい
（1）自分の気持ちを言葉で表現する楽しさを味わう。
（2）人の言葉や話などをよく聞き，自分の経験したことや考えたことを話し，伝え合う喜びを味わう。
（3）日常生活に必要な言葉が分かるようになるとともに，絵本や物語などに親しみ，先生や友達と心を通わせる。

2 内容
（1）先生や友達の言葉や話に興味や関心をもち，親しみをもって聞いたり，話したりする。
（2）したり，見たり，聞いたり，感じたり，考えたりなどしたことを自分なりに言葉で表現する。
（3）したいこと，してほしいことを言葉で表現したり，分からないことを尋ねたりする。
（4）人の話を注意して聞き，相手に分かるように話す。
（5）生活の中で必要な言葉が分かり，使う。
（6）親しみをもって日常のあいさつをする。
（7）生活の中で言葉の楽しさや美しさに気付く。
（8）いろいろな体験を通じてイメージや言葉を豊かにする。
（9）絵本や物語などに親しみ，興味をもって聞き，想像をする楽しさを味わう。
（10）日常生活の中で，文字などで伝える楽しさを味わう。

3 内容の取扱い
　上記の取扱いに当たっては，次の事項に留意する必要がある。
（1）言葉は，身近な人に親しみをもって接し，自分の感情や意志などを伝え，それに相手が応答し，その言葉を聞くことを通して次第に獲得されていくものであることを考慮して，幼児が教師や他の幼児とかかわることにより心を動かすような体験をし，言葉を交わす喜びを味わえるようにすること。
（2）幼児が自分の思いを言葉で伝えるとともに，教師や他の幼児などの話を興味をもって注意して聞くことを通して次第に話を理解するようになっていき，言葉による伝え合いができるようにすること。
（3）絵本や物語などで，その内容と自分の経験とを結び付けたり，想像を巡らせたりするなど，楽しみを十分に味わうことによって，次第に豊かなイメージをもち，言葉に対する感覚が養われるようにすること。
（4）幼児が日常生活の中で，文字などを使いながら思ったことや考えたことを伝える喜びや楽しさを味わい，文字に対する興味や関心をもつようにすること。

表　現
　　感じたことや考えたことを自分なりに表現することを通して，豊かな感性や表現する力を養い，創造性を豊かにする。
1　ねらい
（1）いろいろなものの美しさなどに対する豊かな感性をもつ。
（2）感じたことや考えたことを自分なりに表現して楽しむ。
（3）生活の中でイメージを豊かにし，様々な表現を楽しむ。
2　内　容
（1）生活の中で様々な音，色，形，手触り，動きなどに気付いたり，感じたりするなどして楽しむ。
（2）生活の中で美しいものや心を動かす出来事に触れ，イメージを豊かにする。
（3）様々な出来事の中で，感動したことを伝え合う楽しさを味わう。
（4）感じたこと，考えたことなどを音や動きなどで表現したり，自由にかいたり，つくったりなどする。
（5）いろいろな素材に親しみ，工夫して遊ぶ。
（6）音楽に親しみ，歌を歌ったり，簡単なリズム楽器を使ったりなどする楽しさを味わう。
（7）かいたり，つくったりすることを楽しみ，遊びに使ったり，飾ったりなどする。
（8）自分のイメージを動きや言葉などで表現したり，演じて遊んだりするなどの楽しさを味わう。

3　内容の取扱い

上記の取扱いに当たっては，次の事項に留意する必要がある。

（1）豊かな感性は，自然などの身近な環境と十分にかかわる中で美しいもの，優れたもの，心を動かす出来事などに出会い，そこから得た感動を他の幼児や教師と共有し，様々に表現することなどを通して養われるようにすること。

（2）幼児の自己表現は素朴な形で行われることが多いので，教師はそのような表現を受容し，幼児自身の表現しようとする意欲を受け止めて，幼児が生活の中で幼児らしい様々な表現を楽しむことができるようにすること。

（3）生活経験や発達に応じ，自ら様々な表現を楽しみ，表現する意欲を十分に発揮させることができるように，遊具や用具などを整えたり，他の幼児の表現に触れられるよう配慮したりし，表現する過程を大切にして自己表現を楽しめるように工夫すること。

第3章　指導計画及び教育課程に係る教育時間の終了後等に行う教育活動などの留意事項

第1　指導計画の作成に当たっての留意事項

　幼稚園教育は，幼児が自ら意欲をもって環境とかかわることによりつくり出される具体的な活動を通して，その目標の達成を図るものである。

　幼稚園においてはこのことを踏まえ，幼児期にふさわしい生活が展開され，適切な指導が行われるよう，次の事項に留意して調和のとれた組織的，発展的な指導計画を作成し，幼児の活動に沿った柔軟な指導を行わなければならない。

1　一般的な留意事項

（1）指導計画は，幼児の発達に即して一人一人の幼児が幼児期にふさわしい生活を展開し，必要な体験を得られるようにするために，具体的に作成すること。

（2）指導計画の作成に当たっては，次に示すところにより，具体的なねらい及び内容を明確に設定し，適切な環境を構成することなどにより活動が選択・展開されるようにすること。

　ア　具体的なねらい及び内容は，幼稚園生活における幼児の発達の過程を見通し，幼児の生活の連続性，季節の変化などを考慮して，幼児の興味や関心，発達の実情などに応じて設定すること。

　イ　環境は，具体的なねらいを達成するために適切なものとなるように構成し，幼児が自らその環境にかかわることにより様々な活動を展開しつつ必要な体験を得られるようにすること。その際，幼児の生活する姿や発想を大切にし，常にその環境が適切なものとなるようにすること。

　ウ　幼児の行う具体的な活動は，生活の流れの中で様々に変化するものであることに留意し，幼児が望ましい方向に向かって自ら活動を展開していくことができるよう必要な援助をすること。

　　その際，幼児の実態及び幼児を取り巻く状況の変化などに即して指導の過程についての反省や評価を適切に行い，常に指導計画の改善を図ること。

（3）幼児の生活は，入園当初の一人一人の遊びや教師との触れ合いを通して幼稚園生活に親しみ，安定していく時期から，やがて友達同士で目的をもって幼稚園生活を展開し，深めていく時期などに至るまでの過程を様々に経ながら広げられていくものであることを考慮し，活動がそれぞれの時期にふさわしく展開されるようにすること。その際，入園当初，特に，3歳児の入園については，家庭との連携を緊密にし，生活のリズムや安全面に

十分配慮すること。また，認定こども園（就学前の子どもに関する教育，保育等の総合的な提供の推進に関する法律（平成18年法律第77号）第6条第2項に規定する認定こども園をいう。）である幼稚園については，幼稚園入園前の当該認定こども園における生活経験に配慮すること。
（4）幼児が様々な人やものとのかかわりを通して，多様な体験をし，心身の調和のとれた発達を促すようにしていくこと。その際，心が動かされる体験が次の活動を生み出すことを考慮し，一つ一つの体験が相互に結び付き，幼稚園生活が充実するようにすること。
（5）長期的に発達を見通した年，学期，月などにわたる長期の指導計画やこれとの関連を保ちながらより具体的な幼児の生活に即した週，日などの短期の指導計画を作成し，適切な指導が行われるようにすること。特に，週，日などの短期の指導計画については，幼児の生活のリズムに配慮し，幼児の意識や興味の連続性のある活動が相互に関連して幼稚園生活の自然な流れの中に組み込まれるようにすること。
（6）幼児の行う活動は，個人，グループ，学級全体などで多様に展開されるものであるが，いずれの場合にも，幼稚園全体の教師による協力体制をつくりながら，一人一人の幼児が興味や欲求を十分に満足させるよう適切な援助を行うようにすること。
（7）幼児の主体的な活動を促すためには，教師が多様なかかわりをもつことが重要であることを踏まえ，教師は，理解者，共同作業者など様々な役割を果たし，幼児の発達に必要な豊かな体験が得られるよう，活動の場面に応じて，適切な指導を行うようにすること。
（8）幼児の生活は，家庭を基盤として地域社会を通じて次第に広がりをもつものであることに留意し，家庭との連携を十分に図るなど，幼稚園における生活が家庭や地域社会と連続性を保ちつつ展開されるようにすること。その際，地域の自然，人材，行事や公共施設などの地域の資源を積極的に活用し，幼児が豊かな生活体験が得られるように工夫すること。また，家庭との連携に当たっては，保護者との情報交換の機会を設けたり，保護者と幼児との活動の機会を設けたりなどすることを通じて，保護者の幼児期の教育に関する理解が深まるよう配慮すること。
（9）幼稚園においては，幼稚園教育が，小学校以降の生活や学習の基盤の育成につながることに配慮し，幼児期にふさわしい生活を通して，創造的な思考や主体的な生活態度などの基礎を培うようにすること。

2 特に留意する事項
（1）安全に関する指導に当たっては，情緒の安定を図り，遊びを通して状況に応じて機敏に自分の体を動かすことができるようにするとともに，危険な場所や事物などが分かり，安全についての理解を深めるようにすること。また，交通安全の習慣を身に付けるようにするとともに，災害などの緊急時に適切な行動がとれるようにするための訓練なども行うようにすること。
（2）障害のある幼児の指導に当たっては，集団の中で生活することを通して全体的な発達を促していくことに配慮し，特別支援学校などの助言又は援助を活用しつつ，例えば指導についての計画又は家庭や医療，福祉などの業務を行う関係機関と連携した支援のための計画を個別に作成することなどにより，個々の幼児の障害の状態などに応じた指導内容や指導方法の工夫を計画的，組織的に行うこと。
（3）幼児の社会性や豊かな人間性をはぐくむため，地域や幼稚園の実態等により，特別支援学校などの障害のある幼児との活動を共にする機会を積極的に設けるよう配慮すること。
（4）行事の指導に当たっては，幼稚園生活の自然の流れの中で生活に変化や潤いを与え，幼児が主体的に楽しく活動できるようにすること。なお，それぞれの行事についてはその教育的価値を十分検討し，適切なものを精選し，幼児の負担にならないようにすること。
（5）幼稚園教育と小学校教育との円滑な接続のため，幼児と児童の交流の機会を設けたり，小学校の教師との意見交換や合同の研究の機会を設けたりするなど，連携を図るようにすること。

第2 教育課程に係る教育時間の終了後等に行う教育活動などの留意事項
1 地域の実態や保護者の要請により，教育課程に係る教育時間の終了後等に希望する者を対象に行う教育活動については，幼児の心身の負担に配慮すること。また，以下の点にも留意すること。
（1）教育課程に基づく活動を考慮し，幼児期にふさわしい無理のないものとなるようにすること。その際，教育課程に基づく活動を担当する教師と緊密な連携を図るようにすること。
（2）家庭や地域での幼児の生活も考慮し，教育課程に係る教育時間の終了後等に行う教育活動の計画を作成するようにすること。その際，地域の様々な資源を活用しつつ，多様な体験ができるようにすること。
（3）家庭との緊密な連携を図るようにすること。その際，情報交換の機会を設けたりするなど，保護者が，幼稚園と共に幼児を育てるという意識が高まるようにすること。

（4）地域の実態や保護者の事情とともに幼児の生活のリズムを踏まえつつ，例えば実施日数や時間などについて，弾力的な運用に配慮すること。
（5）適切な指導体制を整備した上で，幼稚園の教師の責任と指導の下に行うようにすること。
2　幼稚園の運営に当たっては，子育ての支援のために保護者や地域の人々に機能や施設を開放して，園内体制の整備や関係機関との連携及び協力に配慮しつつ，幼児期の教育に関する相談に応じたり，情報を提供したり，幼児と保護者との登園を受け入れたり，保護者同士の交流の機会を提供したりするなど，地域における幼児期の教育のセンターとしての役割を果たすよう努めること。

幼稚園教育指導資料「幼児期から児童期への教育」作成協力者

（職名は平成17年2月現在）

青柳　　　宏	国立大学法人宇都宮大学教育学部助教授
赤石　元子	国立大学法人東京学芸大学教育学部附属幼稚園副園長
秋田　喜代美	国立大学法人東京大学大学院教育学研究科教授
足立　祐子	台東区立済美幼稚園教諭
榎沢　良彦	淑徳大学社会学部教授
桶田　ゆかり	文京区立柳町幼稚園教頭
木下　光二	国立大学法人鳴門教育大学学校教育学部附属小学校教諭
齊藤　美代子	文京区立第一幼稚園園長
塩崎　政江	群馬県教育委員会義務教育課指導主事
柴崎　正行	大妻女子大学家政学部教授
箕輪　恵美	中央区立月島幼稚園教頭
宮下　友美惠	学校法人静岡豊田学園　静岡豊田幼稚園園長
無藤　　隆	白梅学園短期大学学長
邨橋　雅広	学校法人邨橋学園　たちばな幼稚園園長
守田　チヨミ	東大阪大学短期大学部専任講師
渡邊　郁美	東京都教育委員会指導部義務教育心身障害教育指導課指導主事
和田　信行	新宿区立四谷第三小学校校長

なお、国立教育政策研究所及び文部科学省において、次の関係官が本書の編集に当たった。

＜国立教育政策研究所＞

小田　　豊	国立教育政策研究所次長
折原　　守	国立教育政策研究所教育課程研究センター長
舟橋　　徹	国立教育政策研究所教育課程研究センター研究開発部長
神長　美津子	国立教育政策研究所教育課程研究センター研究開発部教育課程調査官
太田　知啓	国立教育政策研究所教育課程研究センター研究開発部研究開発課長
武市　綾香	国立教育政策研究所教育課程研究センター研究開発部研究開発課指導係長
月岡　英人	文部科学省生涯学習政策局生涯学習総括官
	（前国立教育政策研究所教育課程研究センター長）
西尾　典眞	文部科学省研究開発局地震・防災研究課長
	（前国立教育政策研究所教育課程センター研究開発部長）
坂口　浩司	国立大学法人高知大学総務部国際・研究協力課長
	（前国立教育政策研究所教育課程研究センター研究開発部研究開発課長）
園田　圭一郎	国立大学法人宮崎大学企画調整部企画調整課法規係
	（前国立教育政策研究所教育課程研究センター研究開発部研究開発課指導係）

＜文部科学省＞

嶋野　道弘	文部科学省初等中等教育局主任視学官
石塚　陽二	文部科学省初等中等教育局幼児教育課指導係長
冨森　ゆみ子	文部科学省初等中等教育局教科書課検定調査第三係長
	（前文部科学省初等中等教育局幼児教育課指導係長）

幼児期から児童期への教育

平成17年2月15日　初版発行
平成29年5月20日　11版発行

著作権保有　　国立教育政策研究所
　　　　　　　教育課程研究センター

発　行　所　　ひかりのくに株式会社
　　　　　　　本社　〒543-0001　大阪市天王寺区上本町3-2
　　　　　　　　　　電話　営業　06(6768)1155
　　　　　　　　　　　　　編集　06(6768)1154

印　刷　所　　図書印刷株式会社沼津工場
　　　　　　　　　　〒410-0398　静岡県沼津市大塚15

〈検印省略〉

乱丁・落丁本は、送料小社負担にてお取り替えいたします。
Ⓒ2005 Printed in Japan.　禁無断転載・複製
ISBN978-4-564-60097-5